Halit Öztekin
Ali Gülbağ

BZK&SAUOS: Eğitimsel Amaçlı Gömülü İşletim Sistemi Tasarımı

Halit Öztekin
Ali Gülbağ

BZK&SAUOS: Eğitimsel Amaçlı Gömülü İşletim Sistemi Tasarımı

Türkiye Alim Kitapları

Impressum / Yayınevi adı
Bibliografische Information der Deutschen Nationalbibliothek: Die Deutsche Nationalbibliothek verzeichnet diese Publikation in der Deutschen Nationalbibliografie; detaillierte bibliografische Daten sind im Internet über http://dnb.d-nb.de abrufbar.
Alle in diesem Buch genannten Marken und Produktnamen unterliegen warenzeichen-, marken- oder patentrechtlichem Schutz bzw. sind Warenzeichen oder eingetragene Warenzeichen der jeweiligen Inhaber. Die Wiedergabe von Marken, Produktnamen, Gebrauchsnamen, Handelsnamen, Warenbezeichnungen u.s.w. in diesem Werk berechtigt auch ohne besondere Kennzeichnung nicht zu der Annahme, dass solche Namen im Sinne der Warenzeichen- und Markenschutzgesetzgebung als frei zu betrachten wären und daher von jedermann benutzt werden dürften.

Deutsche Nationalbibliothek tarafından yayınlanan bibliyografik bilgiler: Deutsche Nationalbibliothek, bu yayını Deutsche Nationalbibliografie'de listeler; detaylı bibliyografik bilgi İnternet'te http://dnb.d-nb.de sitesinde mevcuttur.
Bu kitapta bahsedilen herhangi bir marka ve ürün adı, tescilli marka, marka veya patent korumasına tabidir ve ilgili sahiplerin ticari veya tescilli markalarıdır. Marka, ürün, ortak ve ticari adların, ürün açıklamalarının v.s. işbu eserde özel işaretleme olmadan bile kullanılması, bu çeşit adların, tescilli marka ve marka korunması kanunu açısından kısıtlanmamış ve böylece herkes tarafından kullanılabilir olarak hiç bir şekilde yorumlanamaz.

Coverbild / Kitap kapağı resmi: www.ingimage.com

Verlag / Yayıncı:
Türkiye Alim Kitapları
ist ein Imprint der / yayınevinin bir ticari markasıdır
OmniScriptum GmbH & Co. KG
Heinrich-Böcking-Str. 6-8, 66121 Saarbrücken, Deutschland / Almanya
Email / E-posta: info@turkiye-alim-kitaplary.com

Herstellung: siehe letzte Seite /
Basım yeri: son sayfaya bakın
ISBN: 978-3-639-67209-1

ÖNSÖZ

Çalışmalarımda her türlü katkıyı sağlayan, çalışmanın şekillenmesinde ve sonuçlandırılmasında değerli bilgilerini paylaşarak bana destek olan Değerli hocalarım Yrd. Doç. Dr. Ali GÜLBAĞ ve Prof. Dr. Feyzullah TEMURTAŞ' a sonsuz teşekkürlerimi sunarım. Bu çalışmanın 110E069 nolu proje kapsamında desteklenmesinden ötürü de TÜBİTAK kurumuna teşekkürü bir borç bilirim.

Ayrıca yetişmemde haklarını hiçbir zaman ödeyemeyeceğim sevgili aileme ve sevgili eşime gösterdikleri anlayıştan dolayı sonsuz teşekkür ederim.

İÇİNDEKİLER

BÖLÜM 6.

SİMGELER VE KISALTMALAR LİSTESİ

AC : Akümülatör
AHDL : Altera yüksek tanımlı dil
ALU : Aritmetik mantık birimi
AR : Adres kaydedicisi
ASCII : Amerikan Standart Kod
ASIC : Uygulamaya özel tümleşik devre
CAD : Bilgisayar destekli tasarım
CCR : Durum kod kaydedicisi
CISC : Karmaşık komut seti
CPLD : Karmaşık programlanabilir lojik devre
CPU : Merkezi işlemci birimi
DOS : Disk İşletim Sistemi
DR : Veri kaydedici
DSP : Dijital sinyal işleme
EDA : Elektronik tasarım otomasyonu
EEPLD : Elektriksel silinebilir programlanabilir lojik aygıt
EPLD : Silinebilir programlanabilir lojik aygıt
EPROM : Elektriksel olarak programlanabilir yalnız okunabilir bellek
FA : Tam toplayıcı
FAT : Dosya tahsis tablosu
FPGA : Alanda programlanabilir kapı dizileri
GAL : Genel Lojik dizisi
HSA : Donanım system mimarisi
InREG : Giriş kaydedicisi
IEEE : Elektrik-Elektronik Mühendisleri Enstitüsü

IR	: Komut kaydedicisi
ISA	: Komut seti mimarisi
IX	: İndis kaydedici
LSB	: En düşük anlamlı bit
MAR	: Bellek adres kaydedicisi
MAX	: Çoklu dizi matrisi
MBR	: Bellek tampon kaydedicisi
MIPS	: Birbirine kenetlenmiş boru hatları olmayan mikroişlemci
MML	: MultiMedia Logic
MSB	: En yüksek anlamlı bit
MUX	: Veri seçici
OTP	: Bir kere programlanabilir
OutREG	: Çıkış kaydedicisi
PAL	: Programlanabilir dizi lojik
PEEL	: Programlanabilir elektriksel silinebilir lojik
PLA	: Programlanabilir lojik dizisi
PLD	: Programlanabilir lojik aygıt
PC	: Program sayıcısı
PROM	: Programlanabilir yalnız okunabilir bellek
RAM	: Rastgele erişimli bellek
RISC	: Azaltılmış buyruk kümesi
ROM	: Yalnızca okunabilir bellek
SP	: Yığın kaydedicisi
SRAM	: Statik rastgele erişimli bellek
SPLD	: Basit programlanabilir lojik birim
TR	: Geçici kaydedici
VHDL	: Yüksek hızlı tümleşik devreler için donanım tanımlama dili

ŞEKİLLER LİSTESİ

TABLOLAR LİSTESİ

ÖZET

Anahtar Kelimeler: Modüler Öğretim, Assembler Tasarımı, İşletim Sistemi, Yapılandırılabilir Modüler Donanım, Mikroişlemci, Mikro Bilgisayar Tasarımı, Bilgisayar Mimarisi ve Organizasyonu, Öğretim Aracı.

Eski bir çin atasözünde "Dinlersem unuturum, görürsem hatırlarım, uygularsam anlarım" veciz ifadesinden de anlaşılacağı üzere, bir konu hakkında en ideal öğrenmenin, öğrenilen teorik bilgilerin uygulamaya geçirilmesinden geçmektedir. Elektronik Mühendisliği, Bilgisayar Mühendisliği ve buna benzer bilim dallarında önemli bir yer teşkil eden Bilgisayar Mimarisi ve Organizasyonu ile İşletim Sistemi derslerinde teorik olarak işlenen kavramların pratiğe dönüştürülmesi günümüz eğitim sisteminin problemleri arasında yer almaktadır. Gelişen teknoloji ile beraber bu derslerin uygulama ihtiyacını karşılamaya yönelik yazılımsal ve donanımsal temelli çözümler üretilmiştir. İşletim Sistemleri dersine yönelik yapılan eğitimsel çalışmalar Bilgisayar Mimarisi ve Organizasyonu dersine yönelik yapılan çalışmalar ile karşılaştırıldığında özgün sistem tasarlama motivasyonu açısından yetersiz olduğu görülmektedir. Bu çözüm adımlarına son yıllarda alanda programlanabilir kapı dizileri(FPGA- Field Programmable Gate Arrays) geliştirme ortamları kullanılarak yeni bir yaklaşım getirilmeye çalışılmıştır. Bu geliştirme ortamları kullanılarak geliştirilen eğitimsel çalışmalar simülasyon ortamındaki ideal şartların yerine gerçek dünya şartları altında gözlenebilen, çalıştırılabilen, elle tutulabilen yapıların ortaya çıkmasına neden olmuştur. Bu tez kapsamında yapılan ilk çalışma 2009 yılında tasarladığımız yazılımsal tabanlı bilgisayar mimarisine modüler özellik katılarak FPGA geliştirme ortamına aktarılmıştır. Modülerlik özelliği kullanıcılara sisteme müdahil olma avantajını getirerek özellikle Bilgisayar Mimarisi ve Organizasyonu dersine yönelik motivasyon artıcı bir etki getirmiştir. Başka bir deyişle kullanıcı sistemdeki bir bileşenin yerine kendi tasarımını ekleyerek sistemin işleyişinde herhangi bir olumsuzluğa neden olmaması kullanıcının bu derse karşı motivasyonunu artıran kullanıcı dostu bir özelliktir. Bu nedenle kullanıcı büyük bir sistemin karmaşası içinde kaybolmadan sistemdeki birimleri kullanıcı tabanlı tasarımlarla değiştirerek kendi bilgisayar mimarisini oluşturabilecektir. Ayrıca modüler özellikli donanımsal tabanlı bilgisayar mimarisi üzerine sıfırdan bir işletim sisteminin nasıl tasarlanacağı konusunda eğitimsel bir doküman hazırlanarak literatürde bu alanda bir kullanıcı rehberi olması hedeflenmiştir. Tasarlanan işletim sistemi bilgisayar mimarisinin sahip olduğu assembly dili ile yazılan özgün bir işletim sistemi olup eğitimsel amaçlı olarak literatürde kullanılmak üzere yer alacaktır.

THE EMBEDDED OPERATING SYSTEM DESIGN ON A RECONFIGURABLE MODULAR HARDWARE FOR EDUCATIONAL PURPOSE

SUMMARY

Keywords: Modular Teaching, Assembler Design, Operating System, Reconfigurable Modular Hardware, Microprocessor, Micro Computer Design, Computer Architecture and Organization, Learning Tool.

An old Chinese proverb says "I hear, and I forget; I see, and I remember; I do, and I understand". As is understood from this expression, the most ideal learning about a topic is to put into practice the theoretical knowledge learned. Computer Organization and Operating Systems courses play a significant role in the Electronics Engineering, Computer Engineering and similar disciplines. To convert practice the concepts handled in these courses are among the problems of today's education system. It has been produced hardware and software based solutions to eliminate the need for application in these courses using technology. The educational tools prepared for operating systems course is insufficient in terms of the motivation of original system design compared with computer organization and architecture course In addition to these solutions, it has been brought new approach using FPGA(Field Programmable Gate Array) development environments. The educational tools solution developed by using FPGA development environments brought about observable, executable and tangible structures under real world conditions instead of the ideal conditions in the simulation environment. The computer architecture developed using an emulator program that we designed in 2009 is embedded to the FPGA development board by including the modular approach in this thesis. The modular approach allowed the effect for enhancing motivation to users by bringing involving feature in especially computer architecture and organization course. In other words, it is user friendly that since the user defined design does not cause any negative effect at the process of system and to be able to integrate their designs instead of a component of the system. In this way, the user will obtain the own computer architecture by changing the related system's components with the user defined designs without getting lost in the complexity. Also we have prepared a user guide how to design an operating system on hardware based computer architecture from scratch. The developed operating system is written using assembly language of our computer architecture named BZK.SAU and presented an educational tool to the literature.

BÖLÜM 1. GİRİŞ

Eski bir Çin atasözünde "Dinlersem unuturum, görürsem hatırlarım, uygularsam anlarım" veciz ifadesinden de anlaşılacağı üzere, bir konu hakkında en ideal öğrenme, teorik bilgilerin uygulamaya geçirilmesinden geçmektedir. Elektrik ve/veya Elektronik Mühendisliği, Bilgisayar Mühendisliği ve buna benzer bilim dallarında önemli bir yer teşkil eden Bilgisayar Mimarisi ve Organizasyonu ile İşletim Sistemi derslerinde teorik olarak işlenen kavramların pratiğe dönüştürülmesi günümüz eğitim sisteminin problemleri arasında yer almaktadır [1–5]. Gelişen teknoloji ile beraber bu problemlerin çözümüne yönelik yazılımsal ve donanımsal yönde adımlar atılmıştır. Bu adımlar, ya bütünüyle yazılımsal olarak simüle etme yöntemini ya da temeli yazılıma dayanan emülator programlarında donanımsal yapılar kullanılarak simüle edilmek suretiyle sorunlar giderilmeye çalışılmıştır. Bu çözüm adımlarına son yıllarda, alanda programlanabilir kapı dizileri(FPGA- Field Programmable Gate Arrays) geliştirme kartları kullanılarak teorik bilginin uygulamaya geçirilmesine dair yeni bir yaklaşım getirilmiştir. Bu geliştirme kartları, simülasyon ortamındaki ideal şartların yerine gerçek dünya şartları altında gözlenebilen, çalıştırılabilen, elle tutulabilen eğitimsel amaçlı tasarımları ortaya çıkarmıştır. Literatürde yapılan çalışmaları iki ana başlık altında değerlendirmek gerekir. Bilgisayar Mimarisi ve Organizasyonu dersine yönelik yapılan eğitimsel amaçlı çalışmalar değerlendirilmesi gereken ilk bölümü oluştururken İşletim Sistemleri dersine yönelik eğitimsel çalışmalar incelenmesi gereken ikinci bölümü oluşturmaktadır.

1.1. Bilgisayar Mimarisi ve Organizasyonu

Bilgisayar mimarisi ve organizasyonu dersi bilgisayar mühendisliği ve benzer bilim dallarının müfredatında merkezi bir rol üstlenir. Bu derste öğrencilere merkezi işlem birimi, bellek, giriş-çıkış sistemleri gibi birimlerin tasarımı ve organizasyonuna yönelik bilgiler verilir. Bilgisayar mimarisi programcının veya makinenin genel görünümü ile ilgilenirken bilgisayar organizasyonu ise bunların detaylı bir şekilde tasarımları ile ilgilenir. Ancak bu iki farklı bakış açısı karşılıklı olarak birbirlerine bağımlı olmaları nedeniyle bu iki kavram ayrı olarak değerlendirilemez [6]. IEEE bilgisayar topluluğu ve ACM bilgisayar mühendisliği görev kuvvetinin yapmış oldukları toplantıda bilgisayar mimarisi ve organizasyonundaki temel konuları belirlemiş olup bu konular Tablo 1.1'de verilmiştir [7]. Bilgisayar mühendisliği ve benzer bilim dallarından mezun olanların bu konularda çok iyi teorik ve pratik altyapıya sahip olmaları gerektiği vurgulanmıştır.

Tablo 1.1. Bilgisayar mimarisi ve organizasyonu dersinde yer alan temel konular

Temel Konular	İşlemci Organizasyonu	Bilgisayar Aritmetiği	Ana Bellek	Arayüz ve İletişim
– Kaydediciler – Veri Tipleri – Komut Tipleri – Adresleme Modları – Komut Formatları – Al-getir, çöz ve yürüt – Giriş-çıkış teknikleri	– Veriyolları – Pipelined ve non-pipelined – Kontrol yapısı – Aritmetik birimler	– Tamsayıların gösterimi – Temel aritmetik işlemler (Tamsayılar) – Gerçel sayıların gösterimi – Temel aritmetik işlemler (Gerçel sayılar) – Dönüşümler (Gerçel ve Tamsayı)	– Bellek hiyerarşisi – Ana bellek organizasyonu – Gecikme, band genişliği, performans – Sanal bellek sistemi – Ön bellek – Bellek Teknolojileri	– Giriş-çıkış temelleri – Giriş-çıkış teknikleri – Kesme yapıları – Paralel ve seri iletişim

1.1.1. Literatür taraması (Bilgisayar Mimarisi ve Organizasyonu)

Teorik bilginin uygulamaya dönüştürebileceği yer olan laboratuar ortamları öğrencilerin çeşitli bilgisayar sistemleri tasarlamaları konusunda yardımcı olmaktadır. Teorik bilgi ile pratik bilgi arasındaki boşluğu azaltmaya yönelik eğitimsel çalışmalar yazılımsal tabanlı ve yeniden yapılandırılabilir donanım tabanlı olmak üzere 2 ana grupta toplanabilir.

Yazılımsal tabanlı simülatör programları düşük maliyetli, esnek ve öğrenci sayısı bakımından fazla olan dersleri daha az sayıda bölme gibi temel özellikleri sahiptirler. Ayrıca bu programların grafiksel ve animasyon özellikleri sayesinde öğrencilerin bilgisayar sisteminin işleyişini tecrübe etmeleri ve çeşitli tasarım konularını daha iyi anlamalarına yardımcı olur. Literatürde yer alan yazılımsal tabanlı uygulamaların listesi ve karakteristik özellikleri Tablo 1.2'de verilmiştir.

Tablo 1.2. Yazılım tabanlı geliştirilen eğitimsel simülatörler [8]

Simulator Adı	Hardware /Yazılım	Komut Sayısı	Adresleme Mod Sayısı	Kesme/Yığın
Marie Computer by Null and Lobur	SW	13	2	-
Marie Computer by Timothy D.Stanley	Sınırlı HW	13	2	-
p88110	SW	NA	NA	NA
Easy CPU	SW	NA	2	Yığın
LittleMan	SW	11	NA	NA
RTLSim	SW	NA	NA	NA
Z80	SW	NA	NA	NA
68000	SW	NA	NA	NA
Simple CPU	SW	8	3	-
Relatively Simple CPU	SW	16	NA	-
Very Simple CPU	SW	4	NA	-
SIMPLE	SW	28	1	-
Visual 6502 [9]	SW	56	13	Kesme ve Yığın

NA: Mevcut değil HW:Donanım SW: Yazılım

Teorik bilginin uygulamaya geçirilmesine katkıda bulunmak adına yapılan yazılımsal tabanlı eğitimsel çalışmalar simülatif özellikli çalışmalardır. Başka bir deyişle bu çalışmalarda tasarlanan yapılar ideal ortamda çalışmaktadırlar. Yeniden yapılandırılabilir donanım birimleri olan FPGA'ler ideal ortam yerine gerçek dünya şartları altında çalışan, kullanıcının makul bir süre içerisinde tasarımını yapmasına izin verip tasarımının sonuçlarını anında görebilmesine imkan veren yapılardır. FPGA'lerin bu avantajları teorik bilgi ile uygulama arasındaki boşluğa köprü vazifesi gören eğitimsel çalışmalarda son yıllarda literatürde oldukça yaygın olarak kullanılmaya başlanmıştır. Literatürde yer alan FPGA tabanlı eğitimsel çalışmaların genel bir görünümü ve karakteristik özellikleri Tablo 1.3'de verilmiştir. Bu çalışmalar tasarım dili(donanımsal, yazılımsal), komut sayısı, adresleme mod çeşidi ve geliştirildikleri ortam(Altera, Xilinx v.b) açısından farklılık göstermektedir.

Tablo 1.3. FPGA tabanlı geliştirilen mikrobilgisayar mimarisi tasarımları [10]

System Adı	HW/SW	Komut Sayısı	Adresleme Mod Sayısı	Geliştirme Ortamları
BZK.SAU.FPGA.10.0	Fully HW	51	6	Altera Cyclone DE2
MOVE	SW	1	4	Xilinx Spartan II
HIP	HW ve SW	52	NA	Xilinx Spartan 3
No-Name	SW	8	NA	Vantis MACH211
SIMPLE RISC COMPUTER	HW	16	3	Altera UP2
ASAP-0/f0,f1,f2	SW	10	NA	ASAver.1(Xilinx XC52156 PQ208)
No-Name	SW	47	7	Xilinx Spartan II
TINYCPU	SW	28	NA	Xilinx Spartan 3A and 3E Starter Kit
Edulent	HW ve SW	40	4	Xilinx Spartan IIE
Micro-FIMEE-08	SW	100	4	Xilinx Spartan3 Starter Kit

NA: Mevcut değil HW:Donanım SW: Yazılım

MOVE [11] isimli mikro bilgisayar mimarisi tasarımı bütün komutların temelde taşıma(move) işlemine dayandığını ve bu yüzden de mikro işlemcinin yürüteceği komutları tek bir "move" komutu etrafında toplayarak komut kodu tasarımı en basit hale getirilmeye çalışılmıştır. Başka bir deyişle kullanıcıları komut kümesi yoğunluğundan kurtararak daha basit komut kümelerinin elde edilmesini amaçlamıştır.

Bilgisayar mimarisi eğitiminde kullanılmak üzere tasarlanan ve HIP [12] isimli diğer bir çalışmada 32-bit pipeline yapıda ve trace ve debug üniteleri bulunan RISC tipinde bir mikroişlemci tasarlanmıştır. Bu işlemcideki trace ve debug ünitesi pipeline içeriğini ve mikroişlemcinin iç durumlarını bilgisayar ortamında geliştirilen grafik ara yüzlü programa gönderebilmesine olanak sağlar. Bu özelliği sayesinde öğrencilerin yazdıkları programların geliştirilen mikroişlemci üzerindeki durumlarını PC ortamında çalışan grafik arayüzlü programda grafiksel olarak görebilmelerine olanak sağlar.

Veselko [13] tarafından literatürde yer alan çalışmada programlanabilir mantık kavramını kullanarak öğrencilerin kendi tasarımlarını özellikle de mikro işlemci tasarımlarını sistem üzerinde uygulayabilmeleri hedeflenmiştir. Bu çalışma ile mikroişlemci mimarisi birimlerinin yeniden yapılandırılabilir donanım birimlerinin sağlamış olduğu avantajları kullanarak anlaşılmasını artırmaya yönelik bir çalışm olup alanda programlanabilir tanımlama dillerinden olan Abel-HDL yazılım dili kullanılarak tasarlanmıştır.

Bilgisayar mimarisi ve organizasyonu dersinde MIPS benzeri bir RISC yapıdaki bir mikroişlemcinin tasarımı konusunda yapılan çalışmada [14], öğrencilerin basit bir bilgisayar sisteminin sıfırdan nasıl tasarlanacağı konusunda motivasyonlarını artırıcı çalışmalara değinilmiştir. Burada hedeflenen temel amaç MIPS yapıdaki bir bilgisayar sisteminin çalışmasını kavrayarak MIPS yapıda olamaya diğer çalışmaların oluşmasına zemin hazırlamaktır.

ASAP-0 [15] isimli pipeline yapıdaki bir mikro işlemci üzerinde mikro işlemcilerdeki pipeline yapının anlaşılması ve bu yapıda meydana gelebilecek veri ve kontrol sinyallerin yanlış değerlendirilmesi sonucu oluşabilecek tehlikeleri göstermek adına yapılmış bir uygulamadır.

Literatürde yer alan ticari mikroişlemcilerin kara kutu olarak sunulduğunun ve bu yaklaşımın eğitim için uygun olmadığı görüşünden hareketle yapılan çalışmada [16], 16-bit yapıda eğitimsel bir mikro işlemci tasarlanmıştır. Tasarlanan bu mikroişlemci hem VHDL hem de Verilog yazılım dili kullanılarak oluşturulmuş olup, bundan dolayı kullanıcıların içyapısını rahatlıkla değiştirebilecekleri bir yapıda olmasına dikkat edilmiştir.

Bilgisayar Mühendisliği gibi benzer bölümlerde etkili bir programlamanın yapılabilmesi için bir bilgisayar mimarisinin çalışma prensiplerini anlamaktan geçtiği tezinden yola çıkarak, dijital devreleri HDL programlama dili kullanarak tasarlama, işlemci tasarımı, assembly diliyle programlama, assembler tasarımı ve derleyici tasarımına yönelik TINYCPU, TINYC, TINYASM adlarında işlemci, assemler ve derleyicisi olan bir mikro bilgisayar mimarisi tasarlanmıştır [17].

Basit ama gerçek bir bilgisayarın işleyişini, mikro işlemcinin çalışmasını, makine ve assembly dili ile programlamayı öğrenciler tarafından kavranmasına yardımcı olmak adına Edulent isminde bir mikro bilgisayar mimarisi tasarımı gerçekleştirilmiştir [18]. Ayrıca bu tasarımda yürütülen bir programın, mikro bilgisayarın kaydedicileri ve diğer birimleri üzerinde yapmış olduğu değişiklikleri adım adım gözlemlenebilmesine olanak tanıyan bir simülatör programı geliştirilmiştir. Bu simülatörün ara yüzünde yazılan bir programın derlenip çalışmasının adım adım izlenmesi mümkün olmaktadır.

MICRO-FIMEE-08 [19] isimli literatürde yer alan diğer bir çalışmada ise kullanıcıların mikro işlemci tabanlı uygulamalarda ticari veya teknoloji bağımlı tasarımlara gereksinimlerini en aza, hatta bu gereksinimi ortadan kaldırmayı amaçlamıştır. VHDL programlama dili kullanılarak geliştirilen bu mikro işlemci tasarımı, hem açık kaynak kodlu işlemci olması hem de kullanıcının tasarımlarına uygun değişikliklerin yapılabilmesi nedeniyle çalışmanın yapıldığı üniversitede birçok uygulamada kullanılmıştır. Açık kaynak kodlu olması, mikro işlemci biriminin tasarlanması ve işleyişi konusunda bir örnek doküman sağlayacağından eğitimsel açıdan yararlı bir çalışma olduğu görülmektedir.

1.2. İşletim Sistemleri

İşletim sistemleri dersi bilgisayar mühendisliği, kontrol mühendisliği gibi modern disiplinlerin temelini oluşturan ana derslerden bir tanesidir. Bu disiplinlerdeki öğrenciler işletim sistemleri ve bunla ilişkili konularda sağlam bir altyapı elde etmeleri gerekmektedir. Özelliklede öğrenciler bir işletim sisteminin ana bileşenlerinin nasıl çalıştığı, bir bilgisayar sisteminin kullanıcı ile ara yüzler ile nasıl iletişim kurduğu ve bilgisayar kaynaklarının nasıl yönetildiği gibi konularda temel prensipleri bilmek zorundadır. Bu konuların etkili bir şekilde öğretilmesi teorik ve pratik çalışmaların beraber yürütülmesi ile mümkündür. Pratik çalışmalar, öğrencilerin almış oldukları teorik bilgiyi kuvvetlendirmek ve teknik becerilerini artırmada yardımcı olması açısından önemlidir. Uluslar arası topluluklar tarafından oluşturulan modern müfredat modellerinde işletim sistemi konularının eğitiminde pratik çalışmaların önemine işaret edilmektedir. IEEE bilgisayar topluluğu ve bilgisayar bilimleri müfredatı düzenleme birliği tarafından tavsiye edilen müfredat içeriğinde yer alan "Tüm öğrenciler pratik çalışma ile teorik bilgiyi bir bütün halinde öğrenmek zorundadırlar" ifadesi derslerin işlenmesinde pratik çalışmaların gerekliliğine vurgu yapılmaktadır [20].

1.2.1. Literatür taraması (İşletim Sistemleri)

Literatürde işletim sistemleri dersinde kullanılmak üzere tasarlanan eğitimsel çalışmalar mevcuttur. Bu alanda yapılan çalışmalar da bilgisayar mimarisi ve organizasyonu dersine yönelik çalışmalarda yapılan eğitimsel çalışmalarda olduğu gibi iki ana başlık altında incelenebilir. Programlama dilleri kullanılarak simülatif özellikli çalışmalar ilk grubu oluştururken, yeniden yapılandırılabilir donanımlar olan ve ilk gruba kıyasla gerçek dünya şartları altında çalışabilen FPGA geliştirme ortamları üzerinde yapılan çalışmalar da ikinci grubu oluşturmaktadır.

OSP [21], RCOS [22] ve SOsim [23] gibi simülatör araçları işletim sistemi dersindeki mikro işlemci planlama, dosya yönetimi, bellek organizasyonu, giriş-çıkış aygıtları ile haberleşme gibi kavramları anlamaya yardımcı olması ve bu kavramlar hakkında zihinde oluşan soyut düşünceleri somut hale getirmek için kullanılan eğitimsel araçlardır. Bu çalışmalara ilave olarak komut tabanlı MINIX [24] ve Nachos [25] gibi işletim sistemleri gerçek sistemlerin karmaşıklığını gizleyerek öğrencilere işletim sistemleri konularının temelini oluşturan kavramların anlaşılmasına yardımcı olan çalışmalardır. WebgeneOS [26] isimli eğitimsel çalışma ise uzaktan eğitim gibi ortamlarda aktif ve özerk bir öğrenme metadolojisini desteklemenin yanında gerçek bir işletim sistemi ile pratik yapılabilmesine izin veren bir çalışmadır.

FPGA tabanlı işletim sistemleri dersine yönelik yapılan çalışmalar son yıllarda geliştirme ortamının esnekliği sebebiyle literatürde oldukça sık yer almaktadır. Bu geliştirme ortamı kullanıcıların özgün tasarımlar geliştirebilmesine olanak sağlaması ve tasarımların gerçek dünya şartları altında çalışması gibi imkanlar sunar. Bu gibi özellikleri sayesinde kullanıcıların simülatif olarak çalışmasını gördükleri tasarımları simülasyon ortamından gerçek bir ortama aktararak tasarladıkları sistemlerin gerçek bir ortamda çalışan bir tasarımla aynı işi yaptıklarını görmeleri işletim sistemi derslerine karşı motivasyon artırıcı bir etki yapmaktadır. Literatürde yapılan çalışmaların [27–37] genel özelliklerini sıralayacak olursak;

- FPGA geliştirme ortam üreticilerinin sağlamış oldukları Nios II, MicroBlaze gibi işlemciler üzerinde inşa edilmeleri
- Eğitimsel rehber oluşturmayacak düzeyde kompleks yapıda olmaları
- Gömülü sistemlerde kullanılan µClinux gibi mevcut işletim sistemlerini kullanmaları
- Geliştirilen uygulamalar genellikle işletim sistemlerindeki bir kavramın yeniden yapılandırılabilir donanım birimleri üzerine uygulanması

gibi özellikleri karşımıza çıkmaktadır.

1.3. Durum Değerlendirmesi

Literatürde yapılan çalışmaları Bilgisayar Mimarisi ve Organizasyonu ve İşletim Sistemleri kategorilerinde ayrı ayrı değerlendirmek gerekir. Bilgisayar Mimarisi ve Organizasyonu dersine yönelik yapılan çalışmaların;

- Eğitimsel amaçlı tasarımlar olması

- FPGA tabanlı tasarımlardaki geliştirme kartlarının esnek ve maliyetinin düşük olması
- Simülatif özellikli tasarımlarda yazılımın sunduğu grafiksel yapılar kullanılarak görselliğin kullanılması
- Dersi alan öğrencilerin bu dersteki kavramları anlama konusunda motivasyonu artırıcı etkiye sahip olmaları

gibi temel avantajları sıralanabilir. Bu çalışmalarda görülen eksiklikler ise;

- Tasarlanan mimariye kullanıcının müdahil olamaması
- Simülatif olarak oluşturulan tasarımların bu dersteki kavramları anlama noktasında olumlu bir etkisi olmasına rağmen soyutluğun devam etmesi
- FPGA tabanlı çalışmalarda tasarımların yazılımsal diller ile oluşturulması
- Tam bir bilgisayar olmanın gerektirdiği komut sayısı, adresleme modu gibi, özelliklerin yetersizliği, giriş-çıkış birimleri ile iletişim, kesme, yığın gibi özelliklerin eksikliği

olarak sıralanabilir.

Literatürde İşletim Sistemleri dersine yönelik yapılan eğitimsel amaçlı çalışmalar Bilgisayar Mimarisi ve Organizasyonu dersine yönelik yapılan çalışmalara göre oldukça yetersiz seviyededir. Bu derse yönelik yapılan simülatif bazlı çalışmaların aksine FPGA tabanlı çalışmalar genel olarak değerlendirildiğinde özgün bir bilgisayar mimarisi üzerine bir işletim sisteminin sıfırdan nasıl oluşturulacağı hakkında literatürde bir kullanıcı rehberinin bulunmaması eğitimsel açıdan bir eksiklik olarak göze çarpmaktadır. Yapılan çalışmalar FPGA tabanlı donanımlar için geliştirilmiş mevcut yazılımsal tabanlı mikroişlemciler üzerine inşa edilen sistemlerdir. Ayrıca gömülü sistemler için geliştirilmiş işletim sistemleri kullanılarak yeniden yapılandırılabilir donanım birimlerinin kontrolüne yönelik çalışmalarda literatürde bulunmaktadır. Bu çalışmalar işletim sistemleri konusunda belli bir altyapısı olan kişilere yönelik yapılmış çalışmalardır. Yapılan bu çalışmalara eğitimsel amaç politikası ışığı altında bakıldığında oldukça üst seviyeli tasarımlar olduğu ve bundan dolayı öğrencilerin İşletim Sistemleri dersinde bunları bir materyal olarak kullanmalarının zorluğu göze çarpan bir özellik olarak karşımıza çıkmaktadır.

Bu tez çalışmasında temel amaç, eğitimsel amaç her zaman ön planda tutulmak koşuluyla öğrencilerin İşletim Sistemleri ve Bilgisayar Mimarisi ve Organizasyonu dersinde işlenen kavramların anlaşılmasına yönelik uygulama eksikliğinin giderilerek bu derslerde kullanılabilecek bir kullanıcı rehberinin hazırlanmasıdır. Ancak bu eksikliği giderirken tasarlanacak yapı kullanıcının sisteme dahil olarak kendi özgün sistemleri üretmede bir altyapı oluşturabilecek özellikte olmalıdır. Bu tez çalışmasının öğrencilere sağlayacağı katkı ile bilgisayar mühendisliği, elektrik ve/veya elektronik mühendisliği gibi bilim dallarından yetişen mühendislerin özgün sistemler üretme konusundaki motivasyonunun artmasına katkı sağlayacaktır. Kısaca yapılan bu çalışma ile aşağıdaki amaçlar hedeflenmektedir:

- Eğitim amaçlı olması
- Kullanıcının sisteme müdahil olarak kendi özgün sistemlerini oluşturabilmesi
- Tasarlanan sistemlerin içyapısının incelenebilmesine olanak sağlaması
- Sıfırdan bir işletim sistemi organizasyonunun nasıl yapılacağına dair bir kullanıcı rehberi olması
- Özgün sistemler üretme konusunda kullanıcıların motivasyonunun artırılması
- Eğiticilerin kullanabilecekleri bir doküman olması

Bu tez çalışmasında öncelikli olarak yapılan iş 2009 yılında yüksek lisans tez çalışmasında [38] sunulan BZK.SAU isimli mikrobilgisayar mimarisi tasarımı simülatif ortamdan yeniden yapılandırılabilir donanımlardan olan FPGA geliştirme ortamına taşınmasıdır. Taşınma işleminin ardından bu tez çalışmasında hedeflenen amaçlardan biri olan kullanıcın sisteme müdahil olması amacı doğrultusunda, mikro bilgisayar mimarisine modülerlik özelliği katılmıştır. Oluşturulan bu özgün donanım üzerine sıfırdan bir işletim sisteminin nasıl oluşturulacağı konusunda çalışmalar yapılmıştır. Tez çalışmasında kullanılacak olan sisteme ait tasarım isterleri ve metrikleri Tablo 1.4'de verilmiştir.

Tablo 1.4. Mikro bilgisayar mimarisine ait tasarım isterleri ve metrikleri

Özellik	Açıklama
Sistem Adı	BZK.SAU.FPGA
Sistemin İnşa Edildiği Donanım	Altera DE2 ve CycloneIII FPGA kartları
Çıkış Birimi	VGA Monitör (640×480)
Ekran Alanı	40 sütun×24 satır(320×384)
Giriş Birimi	PS/2 klavye
Sistem Tanımlama Dili	Şematik(Donanımsal)
İşlemci Mimarisi	Von-Neumann(SISD mimarisi)
İşlemci Tipi	16-bit
Adres Yolu	16-bit
Veri Yolu	16-bit
Sistem Kaydedicileri	10 adet(Giriş ve çıkış kaydedicileri 8-bit diğerleri 16-bit genişliğinde)
Ana Bellek	64 KB – 16 bit
İkincil Bellek	Flash Bellek(4 MB) – 8 bit
Bellek Kelime Yerleşim Düzeni	Big-Endian
Komut Mimarisi	CISC
Komut Seti	Fonksiyonel, Kontrol, Transfer, Giriş-Çıkış ve Yığın Komutları(59 komut)
Komut Yapısı	16 bit(15-12. bitler adresleme modu, 11-0. bitler opcode alanı)
Komut İşleme Metodu	None Pipeline
Adresleme Mod Çeşidi	6(İvedi, direkt, dolaylı, indeks, göreceli ve doğal)
Kontrol Birim Yapısı	Donanımsal
ALU Birimi	16-bit(Sadece tamsayılar)
Sayı Sistemi	2'ye Tümleme
İşletim Sistemi	Tek Kullanıcı-Tek Görev
Dosya Sistemi	FAT
Assembly Dili	BZK.SAU Assembly programlama dili

Tasarımı yapılan bilgisayar mimarisinde 640×480 piksel çözünürlüğüne sahip VGA tipinde monitör kullanılmıştır. Monitör donanımı sadece metin ve tek renk(kırmızı) kipinde çalışan bir donanım olup, monitör ekranındaki her bir karakter 8×16 piksel ile temsil edilmektedir. Bellek boyutunun yetersiz oluşu nedeniyle monitör ekran alanının 320×384 piksel ebatlarındaki bölümü kullanıldı. Bu alan ABC80 [39], Apple I ve Apple II [40] gibi sistemlerde kullanılan 40 sütun ve 24 satırdan oluşan bir alana tekabül etmektedir. Başka bir deyişle monitör ekran alanında toplam 896 karakterin görüntülenmesi mümkün olmaktadır.

FPGA geliştirme kartları üzerinde tasarlanan sistem, temel olarak ikiye ayrılan ve yazılımsal ve donanımsal sistem tanımlama dilleri olarak adlandırılan diller kullanılarak tasarlanır. Bu tasarımda güdülen politikanın eğitimsel amaçlı olması, tasarlanan sistemin detaylarının öğrenciler tarafından incelenebilmesine olanak tanımasını gerektirir. Bu nedenden ötürü ve literatürde yer alan eğitimsel amaçlı bilgisayar mimarisi [41] tasarımlarında da kullanılan donanımsal tanımlama dili şematik tasarım, bu mimarinin temel sistem tanımlama dili olmasında etken olmuştur.

Literatürde eğitimsel amaçlı tasarlanan işlemcilerin [42,43] adres ve veri yolu genişliği genelde 16-bit olarak karşımıza çıkmaktadır. Ayrıca işlemci adres ve veri yolu tasarımlarının genişliği 16-bit'in üzerinde tasarlandığında yapının karmaşıklığı artacağından ve dolayısıyla öğrenimi zorlaştıracağından eğitimsel açıdan uygun değildir. Projede tasarımı yapılan bilgisayar mimarisinin adres ve veri yolu genişliği hem literatürde yapılan tasarımlar göz önüne alındığında hem de eğitimsel açıdan adres ve veri yolu tasarımının öğrenciler tarafından optimum sürede kavranmasını sağlayacak şekilde 16-bit genişliğinde tasarlanmıştır. Sistemde kullanılan kaydedicilerin genişliği 16-bit olduğundan sistem veri yolu 8-bit olarak tasarlanması durumunda verilerin yol üzerindeki aktarım işlemi için geçen sürenin uzamasına neden olacaktır. Adres yolu 16-bit olarak tasarlandığından dolayı, bu yolun adresleyebileceği maksimum bellek alanı olan 64 KB büyüklüğünde ana bellek oluşturulmuştur.

Projede kullanılan FPGA geliştirme kartlarının üzerinde yer alan flash bellek 4MB kapasiteye sahiptir. Mimarinin kullanıcı programlarını kaydedebileceği mevcut kaynaklar içinde tek birim flash bellek olduğundan, ikinci bellek birimi olarak flash belleğin seçilmesinde etkili olmuştur. Hem ana bellek olsun hem de ikincil belle birimi olsun bu birimlerde bellek kelime yerleşim düzeni big-endian yapısında yerleştirilmiştir. Bu yapının seçilmesindeki amaç mimaride kullanılan verilerin günlük hayatta kullanılan verilerde kullanılan düzende olmasından kaynaklanmaktadır. Başka bir deyişle günlük hayatta kullanılan verilerin en anlamlı kısmı en solda, en düşük anlamlı kısmı ise en sağda yer almaktadır.

Bir bilgisayar mimarisinin tam olup olmaması sahip olduğu komut kümesine göre şekillenmektedir [44]. Eğer komut kümesi, aritmetik ve mantıksal işlemleri yapabilen, bellek ve kaydediciler üzerinde veri akışını sağlayabilen, işlemciyi kontrol edebilen ve giriş-çıkış birimleri ile alışveriş yapabilen komutlara sahip olması durumunda bir bilgisayar mimarisi "tam" özellikli bir yapıya kavuşmuş olur. Bundan dolayı projede kullanılan komutlar hem tam bir bilgisayarda olması gereken temel komutlardan oluşmakta hem de eğitimsel açıdan komutların işleyişini kavramada öğrenme sürecini geciktirmeyecek tarzdadır. Ayrıca kullanılan komutların işlemcideki süreçleri birbirinden farklı olduğundan bilgisayar mimarisi CISC yapıdadır. Mimaride kullanılan kaydedici birim sayısı 10 adet olup, tam özellikli bir bilgisayar mimarisinde olması gereken 16-bit genişliğinde kaydediciler seçilmiştir. Eğitimsel amaçlı bilgisayar mimarilerinde yaygın olarak kullanılan 6 adet temel adresleme modu çeşidi kullanılmaktadır. Seçilen komut yapısı, kullanılan komut ve adresleme modlarına göre oluşturulmuş olup 15 ve 12.bitler arası adresleme modunu temsil ederken; 11 ve 0. bitler arası komutun işlem kodunu temsil etmektedir. Komutların kontrolünde programlama bilgisini gerektirecek mikro program yapısı yerine eğitimsel açıdan öğrenme sürecini optimum seviyeye çekecek olan donanımsal kontrol yapısının kullanılması tercih edilmiştir.

Bilgisayar Mimarisinde bulunan aritmetik ve lojik birimi mevcut haliyle 16-bit tamsayılar üzerinde işlem yapabilmektedir. Negatif sayılarını gösterimi için literatürde sıkça kullanılan 2'ye tümleme mantığı kullanılmıştır.

Tasarlanan işletim sistemi projenin temel amacı olan eğitimsel yönü nedeniyle basit seviyede oluşturulmuştur. Bundan dolayı tasarlanan işletim sistemi tek kullanıcı ve tek görev yapısında bir işletim sistemidir.

Bu çalışmanın ikinci bölümünde FPGA donanımları ile ilgili genel bilgiler verilecek olup, bu tez kapsamında Altera firmasının FPGA geliştirme kartlarını programlamak için Quartus yazılımı kullanıldığından programının kullanımı ile ilgili örnekler üçüncü bölümde yer alacaktır. Dördüncü bölümde bilgisayar mimarisine modüler yaklaşım tartışılacak ve akabinde bir bilgisayar mimarisine sıfırdan bir işletim sisteminin nasıl tasarlanacağı konuları tartışılacaktır. Dördüncü bölümdeki modüler yaklaşımın testine yönelik yapılan anket çalışması, sonuçları ve geliştirilen işletim sistemi örnekleri beşinci bölümde yer alacaktır. Sonuç olarak uygulamanın detaylarını ve neticelerini içeren son bölümde ise varılan nokta üzerinde yapılacak öneriler ve tartışmalara yer verilecektir.

BÖLÜM 2. ALANDA PROGRAMLANABİLİR KAPI DİZİLERİ

2.1. Giriş

FPGA (Alanda Programlanabilir Kapı Dizileri)'ler yapılandırılabilir mantık blokları ile bu bloklar arasındaki değiştirilebilir ara bağlantılardan oluşan sayısal tümleşik devrelerdir. Tasarımcılar bu yapıları programlamak suretiyle çeşitli sistem tasarımları elde edebilirler [45].

Çok genel bir tanımlamayla FPGA, dijital tasarımlarda kullanılan lojik kapıların yüz binlercesinin tek bir entegre üzerinde toplanmasıdır. Başka bir deyişle farklı lojik kapılardan oluşan bir oyun hamurudur. Bu lojik kapılardan oluşan hamur istenildiği gibi programlanabilir ve istenilen her türlü dijital tasarım bu elemanlar kullanılarak tasarlanabilir. Ayrıca kullanıcı, tasarladığı sistemin davranışını uygulama sahasında defalarca yeniden düzenleyerek tasarımının çalışmasını görebilme imkanı vardır.

2.2. Kullanım Alanları

1980' li yılların ortalarında FPGA yongalarından çoğunlukla ara yapıştırıcı mantık ve kısıtlı veri işleme görevlerinde faydalanıldı. Ara yapıştırıcı mantıklar daha geniş mantık blokları, fonksiyonlar veya cihazlar arasında ara bağlantı elemanı olarak kullanılmıştır. 1990'lı yıllardan itibaren artan kapasiteleri sayesinde geniş veri işlemleri gerektiren haberleşme ve ağ ortamlarında kullanımı arttı. 90'lı yılların sonlarına doğru tüketiciye yönelik otomotiv ve endüstriyel uygulamalardaki kullanımları artmıştır [45].

FPGA'ler genellikle ASIC tasarımların ilk örnekleri veya yeni bir algoritmanın fiziksel gerçeklenebilirliğini doğrulamak adına donanım ortamı sağlamak için kullanılırlar. Bununla birlikte, düşük geliştirme maliyetleri ve kısa sürede pazara sunulabilme özellikleriyle git gide son ürün yelpazesindeki yerlerini almaktadırlar [45].

2000'li yılların başından itibaren milyonlarca kapı içeren yüksek performanslı FPGA'ler piyasadaki yerini alarak gömülü mikroişlemci çekirdekleri, yüksek hızlı giriş/çıkış (I/O) ara yüzleri, gömülü RAM ve DSP öbekleri tasarımları karşımıza çıkmaktadır. Sonuç olarak günümüz FPGA'leri ASIC, dijital sinyal işleme, gömülü mikro kontrolör, haberleşme, yeniden yapılandırılabilir hesaplama olmak üzere beş temel alanda kullanılmaktadır [45].

2.2.1. ASIC ve custom silicon

ASIC ve custom silicon, büyük hacimli yongalar ile gerçeklemeye imkan veren fakat uzun tasarım sürecini gerektiren yöntemlerdir. Önceleri sadece bu yöntemlerle gerçeklenebilen çeşitli tasarımlarda FPGA'lerin kullanımı giderek artmaktadır [45].

2.2.2. Dijital sinyal işleme (DSP)

Yüksek hızlı bir DSP geleneksel olarak özel olarak tasarlanmış mikroişlemciler ile gerçeklenmektedir. Günümüz FPGA'leri DSP işlemlerini kolaylaştıracak çarpıcılara, özel aritmetik yönlendiricilere ve büyük miktarlarda dahili RAM'e sahip teknolojiye sahip olduklarından bu özellik FPGA'lerin yoğun paralel işleme yeteneği ile birleştiğinde en hızlı DSP yongasından 500 kez hatta daha fazla hızlı olabilen dijital sinyal işleme işlemleri gerçekleşmektedir [45].

2.2.3. Gömülü mikrokontrolör

Basit kontrol fonksiyonları genellikle özel amaçlı mikrodenetleyiciler ile çözümlenir. FPGA fiyatları düşmekte ve bununla birlikte en basit modelleri bile özel I/O fonksiyonlarını içeren işlem çekirdekleri barındırdığından bu alanda da çekim noktası oluşturmaktadırlar [45].

2.2.4. Fiziksel katman haberleşmeleri

FPGA'ler fiziksel katman ile yüksek seviyeli haberleşme protokol katmanları arasında arayüz bağlantısını uzun bir süredir gerçeklemektedirler. Teknolojik gelişmelerle beraber FPGA'ler, haberleşme ve ağ oluşturma fonksiyonlarını tek cihazda birleştiren yüksek hızlı alıcı-verici birimlerini içerebilmektedir [45].

2.2.5. Yeniden yapılandırılabilir hesaplama

FPGA'lerce sağlanan içsel paralellik ve tekrar yapılandırılabilirliği sağlayan "donanım hızlandırıcı" yazılım algoritmalarını kullanmaktır. Çeşitli firmalar halen yeni çözümler keşfetmek amacıyla donanım benzetimlerinden şifreleme tahlillerine kadar büyük FPGA temelli tekrar yapılandırılabilir hesaplama tertibatları hazırlamaktadırlar [45].

2.3. Üretici Firmalar

FPGA geliştirme kartlarını üreten firmalar Tablo 2.1'de verilmiştir. Bu firmalar arasında Xilinx ve Altera firmaları en büyük hacimli FPGA sağlayıcılarıdır [45].

Tablo 2.1. FPGA geliştirme kartlarının üretici firma ad ve web adresleri

Firma Adı	Web Adresi
Altera	www.altera.com
Xilinx	www.xilinx.com
Anadigm	www.anadigm.com
Atmel	www.atmel.com
Lattice Semiconductor	www.latticesemi.com
Leopard Logic	www.leopardlogic.com
QuickLogic	www.quicklogic.com
Actel	www.actel.com

2.4. Temel Teknolojiler

2.4.1. Basit programlanabilir fonksiyon

Girişleri a ve b olan çıkışı y olan basit bir programlanabilir işlev Şekil 2.1'de görülmektedir.

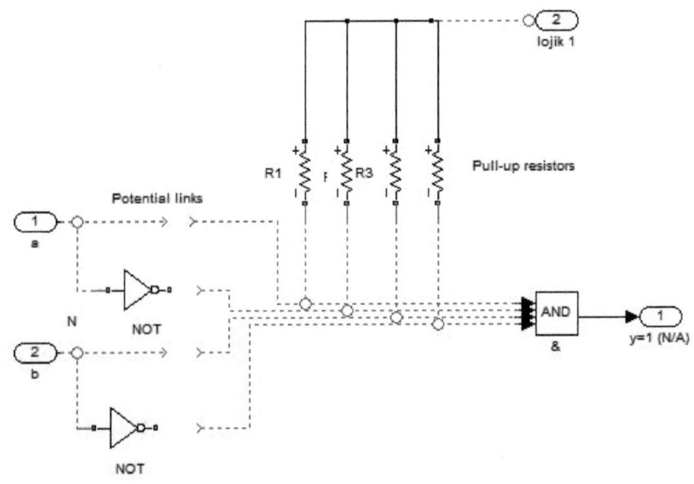

Şekil 2.1. Basit programlanabilir işlev [45]

a ve b girişlerinin kendileri ile tümlenmiş değerleri ve bunların olası bağlantı noktaları Şekil 2.1'de görülmektedir. Şekilden görüleceği üzere herhangi bir bağlantı olmaması durumunda tüm girişler pull-up(mantıksal 1' e çekme) dirençleri vasıtasıyla mantıksal 1' e çekili ve dolayısıyla y çıkışı her zaman mantıksal 1 olur [45].

2.4.2. Fusible link teknolojisi

Kullanıcının kendi devresini programlamasına izin veren sigorta temelli teknolojiler programlama alanındaki ilk teknolojilerden birisidir. Tasarımdaki tüm bağlantılarda birer sigorta bulunur. Bu sigortaların çalışma mantığı evlerde bulunan sigortalar ile aynı olup gelişmiş bir teknoloji ile üretilirler. Eritilebilir-bağlantı teknolojisine sahip cihazlar bir kez programlama yeteneğine sahip olup OTP(One Time Programmable) cihazlar olarak isimlendirilirler. Bağlantı noktalarındaki sigortalar programlama yapmak için eritildiğinde, bu bağlantı noktasının tekrar ilk haline döndürülmesi mümkün değildir.

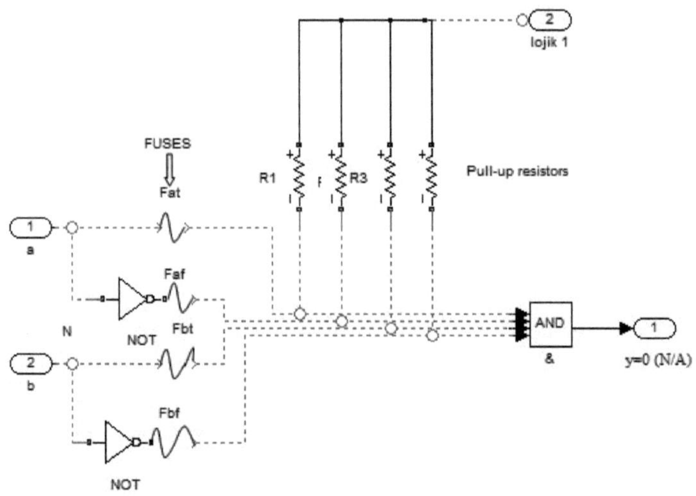

Şekil 2.2. Programlanmamış eritilebilir bağlantılar [45]

2.4.3. Antifuse teknolojisi

Eritilebilir teknolojide bağlantı noktalarında yer alan sigortaların yerini bu teknolojide antifuse elemanları almıştır. Programlama yapmadan önce devredeki her bir karşıt sigorta açık devre olarak görev yapmakta olup yüksek direnç özelliklidir. Şekil 2.3 programlama yapılmış karşıt sigorta teknolojili bir tasarımı göstermektedir.

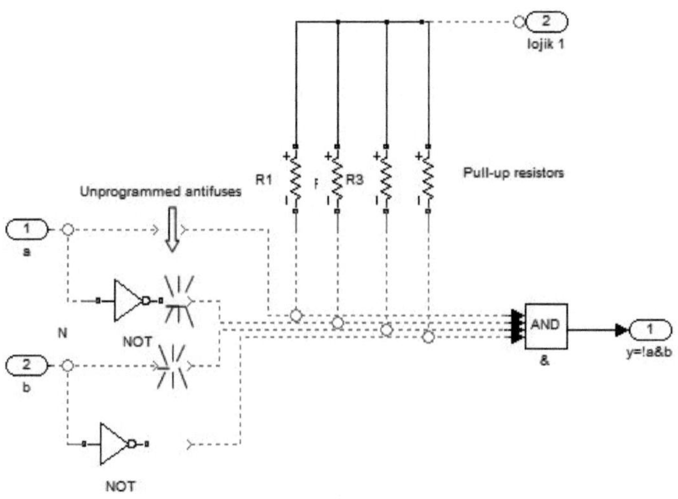

Şekil 2.3. Programlanmış karşıt sigorta bağlantıları [45]

2.4.4. ROM teknolojisi

ROM teknolojisi maske programlamalı bağlantılar ile gerçekleştirilir. ROM'lar kapasitesine bağlı olarak belirli sayıda satır ve sütundan oluşur. Herhangi bir satır aktif hale geldiğinde eğer maske ile sütuna bağlanmışsa transistor sütunu lojik sıfıra çeker, aksi halde pull-up direnci sütunu lojik bire çeker [46].

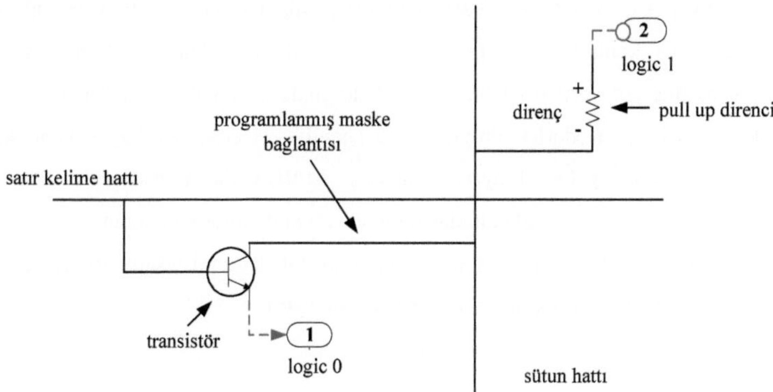

Şekil 2.4. Bir transistör tabanlı maskeli programlanmış ROM hücre [46]

2.4.5. PROM teknolojisi

Maske programlamalı teknoloji maliyetli olması nedeniyle, PROM teknolojisinde tüm bağlantılar sigorta elemanları ile sağlanır. Bu elemanların yapıları gereği bir kere programlanabildiğinden dolayı bu yapının maliyeti ROM teknolojisine göre daha düşük olup programlandıktan sonra çalışma prensibi ROM'la aynıdır [46].

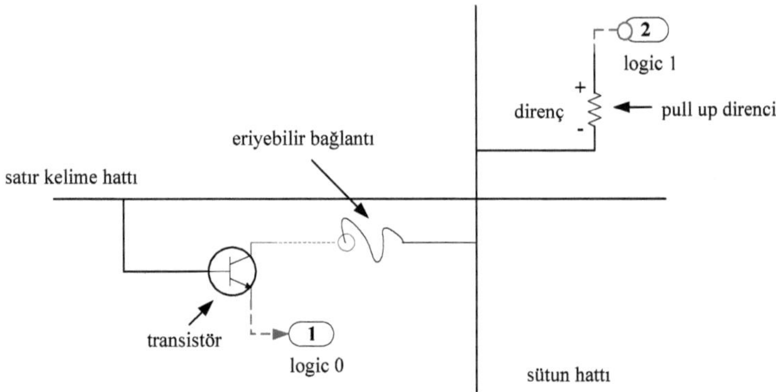

Şekil 2.5. Bir transistör ve eriyebilir bağlantı tabanlı PROM hücre [46]

2.4.6. EPROM teknolojisi

EPROM transistorlar CMOS'lardan farklı olarak oksit katmanı ile yalıtılmış ikinci bir polisilikon kapısına (yüzen kapı) sahiptirler. İlk durumda yüzen kapı yüksüz durumdadır ve kontrol geçidinin çalışmasını etkilemez. Ancak yüksek enerjili elektron akıtma adı verilen işleme maruz kaldığında eksi yüklü elektronlar kayan geçide doğru hareket ederler. Programlama işlemi sona erdiğinde kayan kapı eksi yüklenmiş olarak kalır. Programlanmamış EPROM'da transistorlar yüksüz olduklarından dolayı bağlı bulundukları satır seçildiğinde transistor sütunu lojik sıfıra çeker. Programlandıklarında ise transistorlar lojik bir değerini taşıdıkları için bağlı bulundukları sütunu da lojik bir seviyesine çekerler [46].

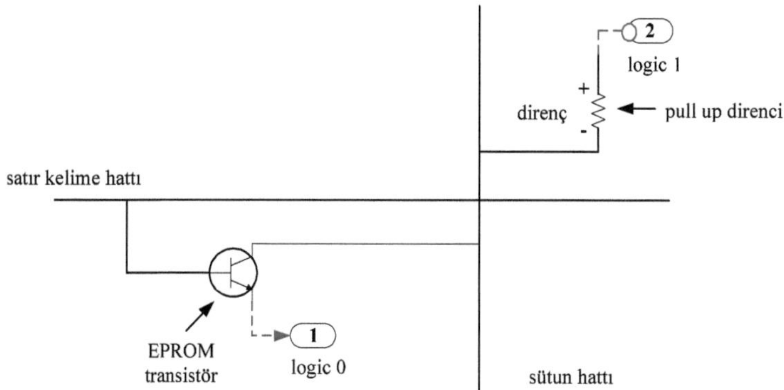

Şekil 2.6. Bir transistör tabanlı EPROM hücre [46]

2.4.7. EEPROM teknolojisi

EEPROM, EPROM'a benzer yapıdadır ancak 2 transistor bulundurur. Transistorlar arasındaki boşlukla birlikte EPROM'un yaklaşık 2.5 katı büyüktürler. İkinci transistor yükü boşaltmak için kullanılır. Silme işlemi elektriksel olarak gerçekleştirilebilmektedir [46].

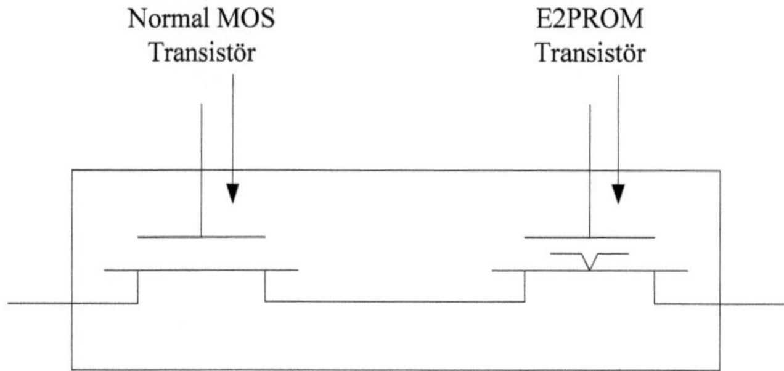

Şekil 2.7. Transistör tabanlı EEPROM hücre [46]

2.4.8. FLASH teknolojisi

EPROM ve EEPROM teknolojilerinin kısmen ihtiva eden bu teknolojinin adının kaynağı EPROM'dan çok daha hızlı silinebilmesidir. Değişik mimarilerde

FLASH'lar bulunmaktadır. Bunlardan bir tanesi EPROM'da olduğu gibi kayan kapı transistor hücresi bulundurur ancak oksit katmanı EEPROM'da olduğu gibi daha incedir. Bu aygıtlar elektriksel olarak silinebilirler ancak silme işlemi tüm aygıt veya büyük parçalar üzerinde gerçekleştirilebilir. Diğer bir yapı ise EEPROM'dakine benzer bir şekilde iki transistorludur. Bu yapı aygıtın kelime kelime silinebilmesine ve programlanabilmesine olanak sağlar [46].

2.4.9. SRAM teknolojisi

Yarı iletken RAM'lerin iki çeşidi bulunmaktadır: DRAM (Dinamik RAM) ve SRAM (Statik RAM). Dinamik RAM'de her hücre bir transistor ve kapasiteden oluşur. Bu bellek çeşidi dinamik olmasından dolayı içerisinde yük taşıyorsa belirli süre aralıklarla yükü tazelenmelidir. Bu işlem maliyeti arttırmasına rağmen SRAM'e göre oldukça hızlıdır [46].

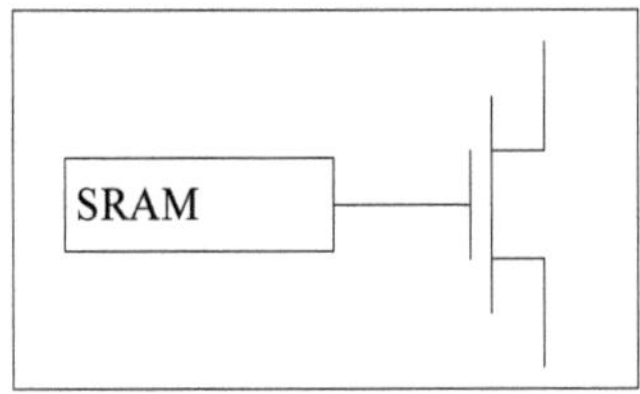

Şekil 2.8. SRAM tabanlı programlanabilir hücre [46]

Statik RAM'de ise hücreye işlenen bir bilgi değiştirilene kadar veya güç kesilene kadar kaybolmaz. Tüm hücreler kontrol transistorunu süren SRAM depolama birimlerinden oluşur. Depolama biriminin içeriğine göre transistor açık veya kapalı konumda olacaktır. Bu teknolojinin dezavantajlarından bir tanesi 4 veya 6 transistordan oluşmalarıdır. Dezavantajlarından bir diğeri ise güç kesildiğinde tüm verilerin kaybolmasıdır. Tüm bunlara rağmen hızlı ve yeniden programlanabilir olmaları büyük bir avantaj sağlamaktadır [46]. Tablo 2.2 çeşitli programlama yeteneklerine sahip teknolojilerin karşılaştırmasını vermektedir.

Tablo 2.2. Üretim teknolojilerinin karşılaştırılması [46]

Teknoloji	Sembol	Programlanabilir Eleman
Sigorta		SPLDs
Karşıt Sigorta		FPGAs
EPROM		SPLD ve CPLDs
EEPROM/FLASH		SPLDs ve CPLDs(FPGAs)
SRAM	SRAM	FPGAs(CPLDs)

2.5. Programlanabilir Lojik

Programlanabilir lojik devreler kapıların ve flip-flopların birbirlerine bağlanmasıyla oluşturulan devreler şeklinde basitçe tanımlanabilir. Bellek hücreleri lojik kapıların gerçekleştirdiği fonksiyonların tanımlanmasında, kontrolünde ve birbirleriyle olan giriş-çıkış bilgisi ilişkilerinin kayıtlı tutulmasında kullanılır. Bu alanda üretilen çoğu ürünün farklı mimarilerde tasarlanmalarına karşın mantık olarak hepsi aynı temel prensiplerle çalışırlar. Günümüzde çok çeşitte programlanabilir lojik ürünleri mevcuttur. Bunları üretim tasarımlarına göre değerlendirdiğimizde her tasarımın altında yine tasarımlarına göre farklı ürünler göze çarpmaktadır. Temel olarak 3 çeşit programlanabilir eleman karşımıza çıkmaktadır [46].

- SPLD (Basit Programlanabilir Lojik Birim)
- CPLD (Karmaşık Programlanabilir Lojik Birim)
- FPGA (Alanda Programlanabilir Lojik Birim)

Şekil 2.9 programlama teknolojilerinin yıllara göre gelişimini gösteren bir zaman çizelgesini göstermektedir. Zaman çizelgesindeki çubuklarda yer alan beyaz kısım ilgili teknolojide o süre içerisinde herhangi bir gelişme olmadığını belirtmektedir.

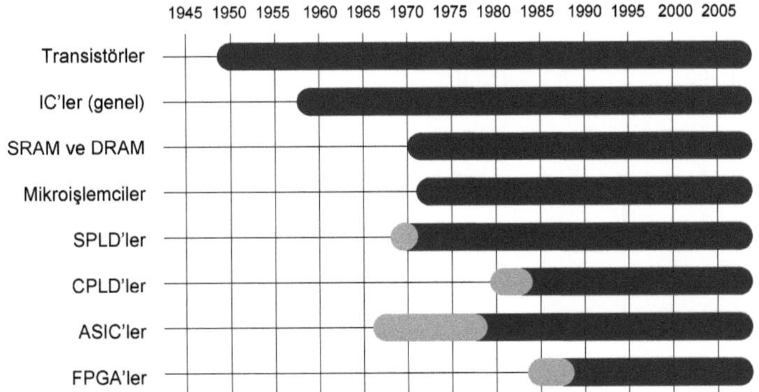

Şekil 2.9. İlgili teknolojilerin yıllara göre dağılımı [45]

2.5.1. SPLD: Basit programlanabilir lojik devre

SPLD'ler teknolojilerine göre literatürde aşağıdaki isimler ile de anılırlar.

- PROM (Programlanabilir Salt Okunur Bellek)
- PAL (Programlanabilir Dizi Lojik)
- GAL (Genel Dizi Lojik)
- PLA (Programlanabilir Lojik Dizi)
- PLD (Programlanabilir Lojik Aygıt)

SPLD'ler kapasiteleri en düşük, bunun sonucu olarak da en ucuz programlanabilir lojik ünitelerdendir. Bir SPLD ünitesinde 4 ila 22 arası programlanabilir hücre vardır. SPLD'ler bu özelliklerinden ötürü sadece 7400 serisi TTL ürünlerine göre tercih edilirler. SPLD'lerdeki her hücrenin bir diğeri ile direk olarak bağlantısı vardır. SPLD'lerdeki hücrelerin yapımında genellikle sigorta, EPROM, EEPROM veya FLASH gibi değiştirilemeyen bellek hücreleri kullanılır [46].

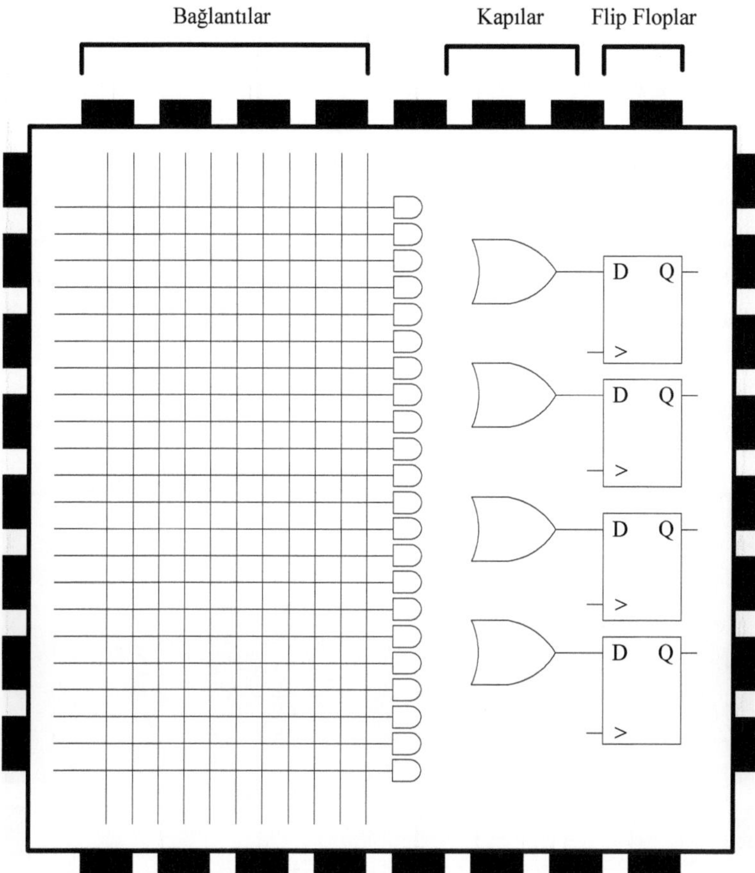

Şekil 2.10. Basit SPLD

2.5.2. CPLD: Karmaşık programlanabilir lojik devre

CPLD'ler teknolojilerine göre farklı adlarla da bilinirler. Bunlar,

- EPLD (Silinebilir Programlanabilir Lojik Aygıt)
- PEEL (Programlanabilir Elektriksel-Silinebilir Lojik)
- EEPLD (Elektriksel-Silinebilir Programlanabilir Lojik Aygıt)
- MAX (Çoklu Dizi Matrisi, Altera)

CPLD'ler SPLD'lerle hemen hemen aynıdırlar. CPLD'ler sadece kapasiteleri bakımından SPLD'lerden üstündürler. CPLD'lerde yer alan hücrelerin CPLD'nin modeline göre 8 ile 16 arasında değişen her bir grubu bir fonksiyon bloğunda toparlanmış ve içerisinde hepsine direk bağlantıları yapılmıştır. Bu fonksiyon blokları arasında da iletişim sağlanmıştır. CPLD'lerin temel mantığı matris şeklinde anahtarlama yapabilen bir birime dayanır. Bu birimin anahtarlaması sonucu işlem yapılacak lojik blok seçilir. CPLD'lerin birkaçının PAL ünitesini kapsaması ve ABEL, CuPL, PALASM gibi bazı SPLD geliştirme dillerini de desteklemesi piyasanın CPLD kullanımına geçişini hızlandırmıştır [46].

Karmaşık PLD'ler (CPLD)

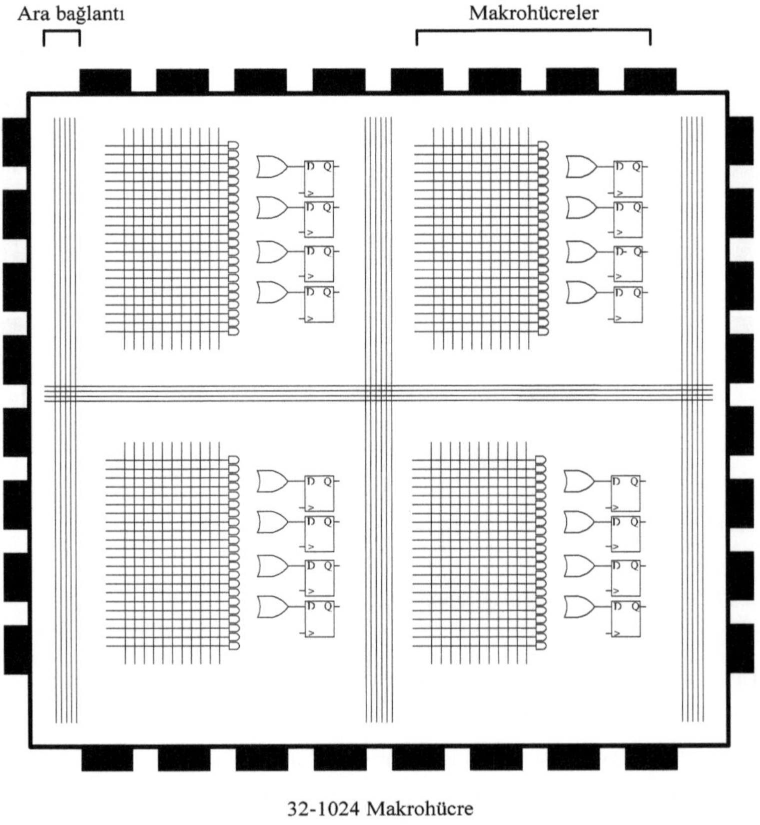

Şekil 2.11. CPLD Yapısı

2.5.3. PROM

En basit PLD çeşidi olup programlanması VE kapısı fonksiyonlarının VEYA kapılarını sürmesi ile gerçekleşir. Şekil 2.12 üç girişi(a,b,c) ve üç çıkışı(w,x,y) olan bir PROM entegresinin içyapısını göstermektedir.

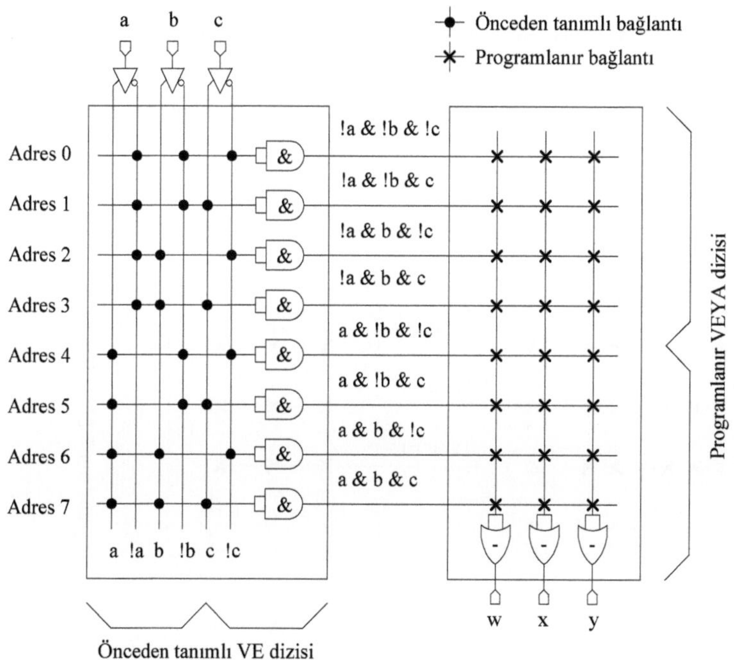

Şekil 2.12. 3-giriş, 3-çıkışlı programlanmamış PROM

PROM hücresindeki her VE fonksiyonu girişlerden her birinin kendisi veya tümleyeni ile bağlantılıdır. Ayrıca her VEYA fonksiyonu VE kapılarından gelen bütün çıkışlar ile bağlantılı olup istenilen fonksiyona göre VEYA kapıları programlanır. VEYA kapı dizilerindeki programlanabilir bağlantılar eritilir bağlantı, EPROM ve EEPROM hücresi olabilir.

2.5.4. PLA (Programmable Logic Array)

Programlanır mantık dizisi teknolojisi PROM kısıtlamalarını aşarak takriben 1975'te geliştirildi. Basit PLD' ler içerisinde yapılandırma imkanı üst düzeye ulaşarak VE ve VEYA kapılarının her ikisi de programlanabilir yapıya kavuşturuldu. VE dizisindeki VE fonksiyon sayısı, giriş sayısından bağımsız olup ilave VE kapılarının eklenebilmesine olanak sağlayan bir yapıya sahiptir. Aynı şekilde VEYA dizisindeki fonksiyon sayısı giriş ve VE fonksiyon sayılarından bağımsız olup ilave VEYA kapıları eklenerek daha esnek fonksiyonlar oluşturabilmesine imkan sağlar.

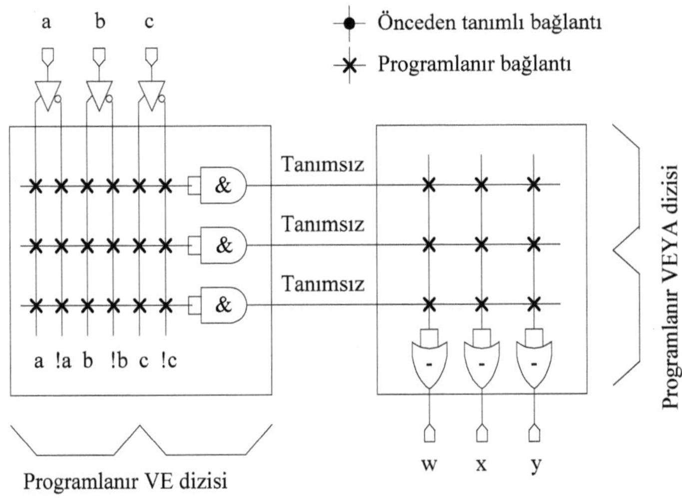

Şekil 2.13. 3-giriş, 3-çıkışlı programlanmamış PLA [45]

2.5.5. PAL (Programmable Array Logic)

PAL'larda VE kapı dizileri VEYA kapı dizilerinden daha önce tanımlı olup PROM'ların tam tersi bir yapıya sahiptir. PLA'lara göre daha hızlı olan PAL'lar kısıtlı sayıda terimin birlikte VEYA işlemine tabi tutulması olumsu yanını oluşturmaktadır. Şekil 2.14 üç giriş ve üç çıkışlı bir PAL hücresini göstermektedir.

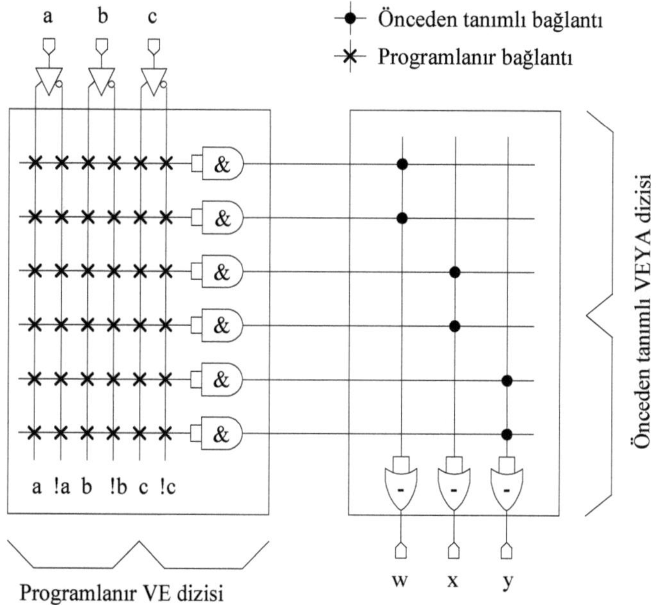

Şekil 2.14. 3-giriş, 3-çıkışlı programlanmamış PAL

2.5.6. FPGA (Field Programmable Gate Array)

FPGA, programlanabilir mantık blokları ve bu bloklar arasındaki ara bağlantılardan oluşan ve geniş uygulama alanlarına sahip olan sayısal tümleşik devrelerdir. Tasarımcının ihtiyaç duyduğu mantık fonksiyonlarını gerçekleştirme amacına yönelik olarak üretilmiştir. Dolayısıyla her bir mantık bloğunun fonksiyonu kullanıcı tarafından düzenlenebilmektedir. FPGA ile temel mantık kapılarının ve yapısı daha karmaşık olan devre elemanlarının işlevselliği artırılmaktadır. Alanda programlanabilir ismi verilmesinin nedeni, mantık bloklarının ve ara bağlantıların imalat sürecinden sonra programlanabilmesidir [46].

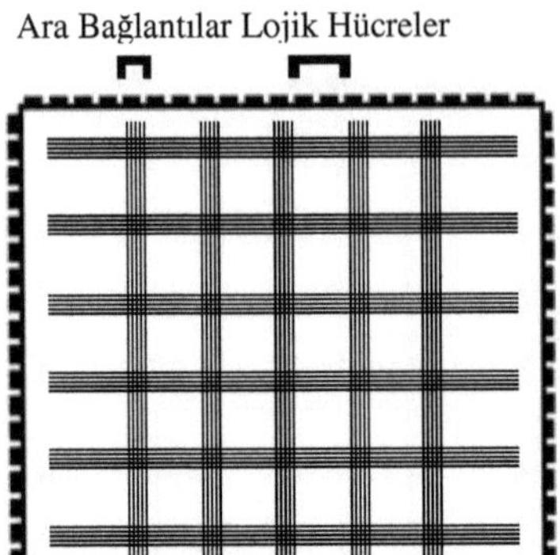

Şekil 2.15. Genel bir FPGA yapısı

Sayısal tümleşik devre sürecinde 80'li yıllarda SPLD ve CPLD gibi programlanabilir yapılar hızlı tasarım, yüksek yapılandırılabilme gibi özelliklere sahip iken karmaşık tasarımları destekleme noktasında eksiklikleri programlanabilir yapılar dünyasında bir boşluk meydana getirmiştir. Diğer taraftan da ASIC tasarım karmaşık tasarımları desteklemesine rağmen SPLD ve CPLD gibi programlanabilir yapılarda bulunan hızlı tasarım, tekrardan yapılandırılabilir, esneklik gibi özellikleri desteklememesi nedeniyle bu tasarım teknolojisi de kullanıcıları bu alanda tasarım yapma noktasında pek cazip kılmamıştır. Bu durumu Şekil 2.16 özetlemektedir. Bu boşluğu doldurmak adına Xilinx firması FPGA adını verdiği yeni bir IC sınıfı geliştirdi ve 1984 yılında tasarımcıların kullanımına sunmuştur. Bu yıllarda üretilen ilk FPGA'ler CMOS tabanlı ve yapılandırma için SRAM hücreleri kullanıyordu. Ayrıca Şekil 2.17'den görüleceği üzere ilk FPGA tasarımları 3-girişli LUT, yazmaç ve MUX' tan oluşan programlanabilir mantık blokları sayesinde tasarımları icra etmektedir.

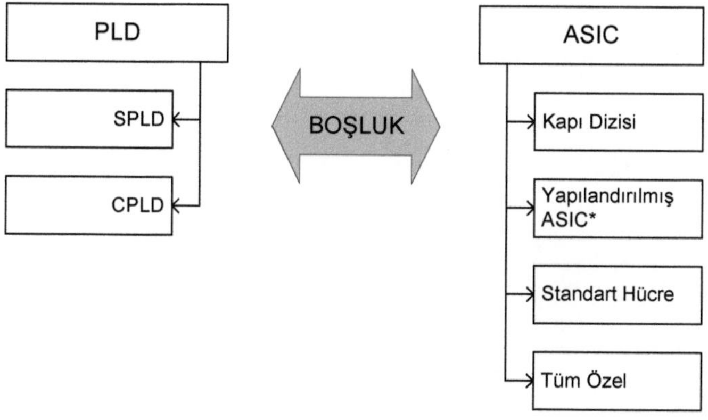

Şekil 2.16. PLD ve ASIC yaklaşımları arasındaki boşluk

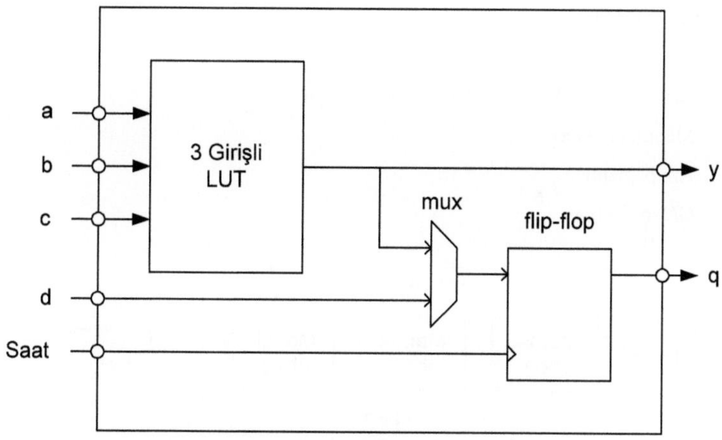

Şekil 2.17. Programlanır mantık öbeğini biçimlendiren anahtar öğeler

SRAM hücreleri yongadaki herbir mantık öbeğini farklı işlevler için yapılandırılmasında kullanılır. Mantık öbeklerindeki her yazmaç mantıksal 1 veya 0 yapılarak iki durumun ifade edilmesini veya anahtar görevini görmesi için kullanılırken bu iki durumun oluşmasında yazmacı besleyen çoğullayıcı, LUT çıkışı ve harici giriş istenilen fonksiyon için yapılandırılabilir konumdadırlar. LUT ise üç girişli bir mantıksal fonksiyonun işlevi için yapılandırılabilir bir eleman olup örnek bir LUT Şekil 2.18'de verilmiştir.

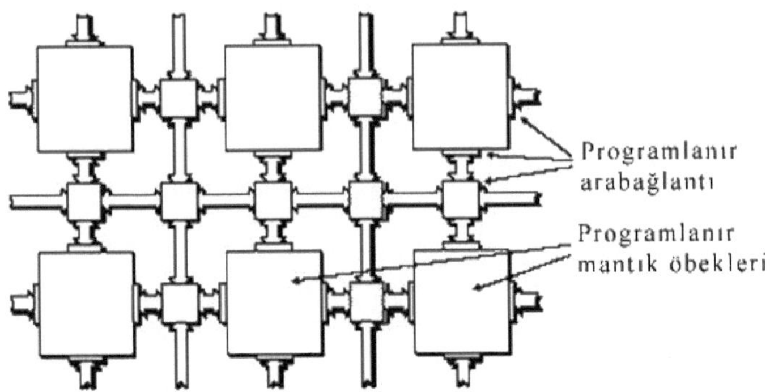

Şekil 2.18. Genel FPGA mimarisi üstten görünümü

2.6. FPGA Mimarisi

Genel anlamıyla FPGA'ler üç temel bileşenden oluşur:

- Mantık öbekleri
- Ara bağlantı
- G/Ç birimleri

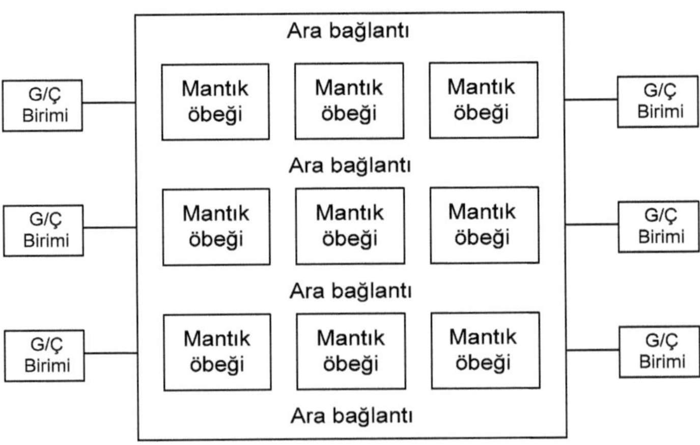

Şekil 2.19. FPGA yongasının genel görünümü

2.6.1. Üretim teknolojileri

FPGA geliştirme kartları üreticiler tarafından farklı teknoloji ve farklı teknikler ile üretilmişlerdir. Bunlar SRAM, sigorta, EEPROM/Flash, Flash-SRAM karışım tabanlı olmak üzere 4 farklı mimari ön plana çıkmaktadır.

2.6.1.1. SRAM tabanlı mimari

FPGA'in üstünlüklerinden en önemlisi SRAM yapılandırma hücreleri kullanmasıdır. Bu hücreler aygıtın tekrar kullanılmasını sağlar. Bu sayede yeni tasarımlar çok kolay bir şekilde hazırlanıp test edilebilir. SRAM tabanlı FPGA'lerin diğer önemli bir avantajı ise önü açık bir teknoloji olmasıdır. Yongada kullanılan diğer birimlerle aynı CMOS teknolojisine sahip olduklarından geliştirilme süreçlerinde ek bir işlem gerektirmezler. Eskiden üretim aşamasında yeni teknoloji geliştirmek için çoğunlukla bellek birimleri kullanılırdı. Şimdilerde ise boyut, karmaşıklık ve düzenlilik ölçütleri ele alınarak bu alanda da FPGA kullanımı artmıştır. FPGA'in bellek birimlerine karşı diğer bir avantajı ise, bir hata oluşması durumunda FPGA yapısının hata bulma ve düzeltme işlemlerini kısaltmasıdır [46]. SRAM tabanlı FPGA'lerin her sistem açılışında tekrar yapılandırılmak zorunda olmaları bu mimarinin dezavantajı olark karşımıza çıkmaktadır.

2.6.1.2. Antifuse (sigorta) tabanlı mimari

SRAM temelli yaklaşımdan farklı olarak devre dışında özel programlayıcılar ile programlanır. Bu yaklaşımda veriler uçucu olmadığından sistem güçten kesildiği zamanda bile yapılandırma verilerini saklaması harici bellek gereksinimini ortadan kaldırır. Bir diğer önemli üstünlüğü ara bağlantı yapısının doğal olarak ışınım etkisine görece bağışıklı olmasıdır. Bu durum askeri ve uzay uygulamalarında özel ilgi sebebidir. Çünkü SRAM temelli bileşenler ışınıma maruz kalacak olursa hatalara yol açabilir. Antifuse bir kez programlandıktan sonra bu yolla değiştirilemez. Ancak aygıttaki herhangi bir flip-flop ışınıma hassasiyetini sürdürür. Bu yüzden yoğun ışınımlı ortamlar için flip-floplar "triple redundancy design" yöntemi ile korunmalıdırlar. Bu yöntem her yazmacın üç kopyasının olması ve hata durumunda çoğunluktaki değerin hatalıyı düzeltmesi şeklindedir [45].

Bu mimarinin en önemli özelliği yapılandırma verisinin FPGA içerisine gömülmesidir. Her antifuse işlendiğinde, aygıt programlayıcı o öğenin tamamen programlandığının tespitine kadar sınamasını devam ettirir. Sonrasında sıradaki antifuse öğesine geçer. Üstelik aygıt programlayıcıları yapılandırmanın başarılı biçimde gerçeklendiğini özdevimli olarak doğrulayabilirler. Bu özellik milyonlarca programlanır öğe içeren yongalar için önemlidir [45].

Sonradan herhangi programlama verisinin aygıttan okunmasını engellemek için özel güvenlik antifuse öğesi ayarlamak mümkündür. Programlanmış ve programlanmamış antifuse öğeleri özdeş göründüğünden ve antifuse öğeleri iç metalleme katmanlarına gömülü olduklarından tersine mühendislik neredeyse olanaksızdır [45].

Antifuse öğesi SRAM temelli öğeye göre kendi başına daha az yer kaplıyor ve enerji harcıyor olmasına rağmen her öğe için fazladan programlama devresi gerektiğinden önemli sayılabilecek derecede bir fark oluşturmamaktadır. Yönlendirme gecikmesi daha küçük olması antifuse tekniğini SRAM'e göre daha hızlı yapar [45].

Antifuse tekniği ana üretim sürecine ek birkaç basamak daha gerektirdiğinden teknolojisi SRAM temelli yaklaşımın birkaç nesil gerisinde bulunmaktadır. Dezavantaj oluşturan bu durum bu teknolojinin güç tüketimi ve hız gibi üstünlüklerini gölgeler. Göze çarpan en temel kusuru bir kez programlanır (OTP) olması ve bu nedenle uygulama geliştirme pek tercih edilmemektedir [45].

2.6.1.3. E2PROM/FLASH temelli aygıtlar

Flash tabanlı FPGA hücreleri SRAM tabanlı FPGA mimarisine benzer bir şekilde uzun ötelemeli yazmaç şeklindeki zincirlerle bağlıdırlar. Aygıt içerisinde ve dışarısında programlamaya izin veren çeşitleri bulunmaktadır. Ancak SRAM tabanlı FPGA'lere göre 3 kata kadar daha yavaş yapılandırılabilmesi göze çarpan dezavantaj olarak karşımıza çıkmaktadır [46].

Bu mimarinin en temel özelliklerinden biri programlandıktan sonra içeriğin kalıcı olarak saklanabilmesidir. Koruma amaçlı olarak bazı Flash tabanlı FPGA'ler 50 bit ila birkaç yüz bit genişliğinde olabilen "multibit key" teknolojisini kullanmaktadırlar. Bu mimari programlanırken kullanıcı tanımlı bit dizisi veri güvenliği amacıyla veriyi okumak veya yeni yapılandırmayı yüklemek için anahtarın kopyası JTAG bağlantı noktası ile aktarılarak yapılmaktadır [45].

SRAM hücrelerine göre daha küçük olduklarından ara bağlantı gecikmeleri daha az olup standart CMOS teknolojisine ilaveten yaklaşık beş işlem basamağı gerektirdiğinden SRAM temelli aygıtların birkaç nesil gerisinde kalır. Bununla beraber içerdikleri çok sayıda pull-up dirençlerinden dolayı göreceli yüksek durağan güç tüketimi vardır [45].

2.6.1.4. Karma FLASH-SRAM aygıtlar

Her yapılandırma öğesi FLASH (veya E2PROM) hücre ve SRAM hücre birleşiminden oluşur ve kullanımı sınırlıdır. Bu durumda FLASH hücre önceden programlanabildiğinden sonrasında sisteme güç verildiğinde FLASH içeriği ilişkili SRAM hücresine kopyalanır. Bu teknik antifuse aygıtlardaki kalıcılığın eşdeğeri olarak karşımıza çıkmaktadır. Ancak antifuse temelli bileşenlerde tekrar yapılandırma mümkün değil iken bu mimaride SRAM hücreleri tekrar yapılandırma için sonradan kullanılabilir durumdadır [45].

Tablo 2.3 farklı mimarilere sahip FPGA teknolojilerinin karşılaştırılmasını vermektedir.

Tablo 2.3. Üretim tekniklerinin karşılaştırılması [46]

Özellik	SRAM	Antifuse	EEPROM/FLASH
Teknoloji noktası	En gelişkin	Birkaç nesil geride	Birkaç nesil geride
Tekrar Programlanırlık	Evet (sistem içerisinde)	Hayır	Evet (sistemde ve devre dışı)
Tekrar programlama hızı	Hızlı	------	SRAM'den 3 kat yavaş
Uçuculuk (başta programlanmalı)	Evet	Hayır	Hayır (gerekirse yapılabilir)
Harici program verisi gereksinimi	Evet	Hayır	Hayır
İlk örnek geliştirme	Evet (çok iyi)	Hayır	Evet (kabul edilebilir)
Başlangıçta çalışırlık	Hayır	Evet	Evet
IP güvenliği	Kabul edilebilir	Çok iyi	Çok iyi
Hücre genişliği	Geniş (6 transistör)	Çok küçük	Orta (2 transistör)
Güç tüketimi	Orta	Düşük	Orta
Işınım dayanırlığı	Hayır	Evet	Hayır

2.7. VHDL Tasarım Dili

2.7.1. VHDL

VHDL, VHSIC Hardware Description Language sözcüklerinin ilk harflerinden meydana gelir. VHSIC ise aynı şekilde Very High Speed Integrated Circuit sözcüklerini içeren bir kısaltmadır. Bir mantıksal çevrim, davranış(behaviour), yapı(structure) ve zamanlama(timing) olmak üzere üç ana bileşenden oluşur. VHDL dijital sistemlerin fiziksel donanımları modellerken kullanılan bir tanımlama dili olarak kaşımıza çıkmaktadır.

VHDL, başlangıçta Department of Defense (DoD) tarafından geliştirilmeye başlanmıştır. DoD, makine ve insan için aynı zamanda okunaklı ve yapısal olarak güçlü, anlaşılabilir kod yazmaya elverişli, böylece kaynak kodunun kendisi bir çeşit kullanım kılavuzu görünümünde olan bir donanım tanımlama dilini talep etmekteydi. DoD'un geliştirici grubu, dili geliştirmek için bir kontrat yaparak dilin ilk versiyonunu 1985 yılında yayınladı. Daha sonradan bu tanımlama dili standartlaştırılması için IEEE (American Institute of Electrical and Electronics Engineers)'ye transfer edilerek IEEE 1076–1987 standardı haline getirildi. Bes yıl sonra dilin biçimine yeni özellikler eklenerek oluşturulan yeni versiyonu (IEEE Std 1076–1993) oluşturulmuştur. Yeni versiyon, saf standardın "genişletilmiş" versiyonu olup bu genişletme ile büyük çapta ihtiyaç duyulan veri tipleri ve alt programlar içeren paketleri (std_logic_1164, numeric_bit, numeric_std, ...) ya da IEEE 1076.6 'nın sentez altkümesine benzeyen özel VHDL altkümeleri eklenmiştir. Bu genişletilmiş versiyondan sonra VHDL'e analog ve karışık sinyal dil elemanlarının eklenerek VHDL'in superset'i olarak adlandırılan VHDL-AMS (**a**nalogue- **m**ixed **s**ignal) isimli tanımlama dili oluşturulmuştur. (IEEE Std 1076.1–1999) [47].

2.7.2. VHDL ve donanım tasarımı

VHDL dili kullanılarak yapılan tasarımın standart donanım tasarım yöntemine göre bazı önemli üstünlükleri vardır. Bunlar tasarım süresi, tasarım esnekliği, tasarım kolaylığı ve yenileme kolaylığı gibi alt başlıklar altında incelenebilir.

2.7.2.1. Tasarım süresi

Teknolojinin hızla gelişimi ile beraber gerçeklenen bir devrenin kullanım ömrü azalmaktadır. Bu, devrenin tasarım zamanının kısıtlanması anlamına gelir. Böyle durumlarda, devrenin optimum tasarım yapılmasının ötesinde tasarım süresinin kısalığı ön plana çıkar. VHDL dili kullanılarak tasarım yapılması özellikle bu noktada tasarımcıya önemli faydalar getirir. VHDL dili doğrudan donanım tasarımına göre, tasarım süresi açısından çok daha kısa sürede sonuç alınmasına imkan tanır [47].

2.7.2.2. Tasarım esnekliği

Teknolojideki değişimle birlikte kullanılan elamanların yapıları değişmektedir. Yapı değişiklerinin daha önce yapılmış tasarımlarda çalışabilmesi için, kullanılan tasarım ortamının buna uygun olabilmesi gerekir. VHDL dili fonksiyon bağımlı olarak çalışır. Dönüştürücü programlar yardımıyla yazılımın donanım yapısı oluşturulur. Teknoloji değişimleri durumlarında sadece bu dönüştürücü programların yeni teknolojiye uygun hale getirilmiş olması yeterli olacaktır [47].

2.7.2.3. Tasarım kolaylığı

Genel olarak VHDL dili kullanarak yapılan tasarımlarda, klasik donanım tasarımına göre, donanım bilgisine daha az ihtiyaç duyulur [47].

2.7.2.4. Yenileme kolaylığı

Teknolojideki hızlı değişim, gerçeklenen devrelerin değişim sürelerini azaltmıştır. Bu nedenle yapılacak değişimlerin hızlı bir şekilde gerçekleştirilebilmesi gerekmektedir. VHDL dili ile yapılan tasarımlarda değişim esnekliği tasarımcının yazılım gücü ile sınırlıdır [47].

2.7.3. VHDL veri nesneleri

Bir veri nesnesi, belirli bir tipin değerini tutarak donanımda direk sentez yapabilme özelliğine sahiptir. Bu veri nesneleri sinyal, değişken, sabit olmak üzere üç çeşittir.

Sinyal (Signal) : Fiziksel bir çevrim gösterir. Güncel değeri ve belirlenmiş bir sonraki olası değerleri içeren değerlerin listesini tutar. Aşağıda sinyal tanımlama örnekleri verilmiştir:

```
SIGNAL reset : STD_LOGIC ;
SIGNAL adres_1 : STD_LOGIC_VECTOR(7 downto 0) ;
SIGNAL adres_2 : STD_LOGIC_VECTOR(0 to 7) ;
```

Değişken (Variable) : Hesaplamaların sonuçlarını tutmak için kullanılan değişkenin mutlaka fiziksel bir çevrim göstermesi gerekmemektedir. Örnek değişken tanımlamaları aşağıda verilmiştir.

VARIABLE indis : INTEGER range 0 to 99 := 20 ;

VARIABLE bellek : BIT_MATRIX(0 to 7, 0 to 1023) ;

Sabit (Constant) : Programın çalışması boyunca değişmeyecek bir değeri barındır ve simülasyonun başlamasından önce saptanması gerekir. Çeşitli sabit tanımlamaları örnekler aşağıda verilmiştir:

CONSTANT cevrim_zamani : TIME := 100 ns ;

CONSTANT sabit : UNSIGNED(3 downto 0) ;

2.7.3.1. Öntanımlamalı veri tipleri

Ön tanımlamalı veri tipleri standart lojik, bit, tamsayı, kayan noktalı, fiziksel ve liste tipli olmak üzere 6 çeşittir. Bu tiplere ait temel özellikler Tablo 2.4'de verilmiştir.

Tablo 2.4. Ön tanımlamalı veri tipleri

Tip Adı	Tanımlama
Standart Lojik	STD_LOGIC, STD_LOGIC_VECTOR
Bit	BIT, BIT_VECTOR
Tamsayı	INTEGER
Kayan Noktalı	REAL
Fiziksel	TIME
Liste	BOOLEAN, CHARACTER

STD_LOGIC ve STD_LOGIC_VECTOR tiplerinin programda kullanımı için std_logic_1164 kütüphanesi eklenmelidir. Kullanıcı kendi veri tiplerini tanımlamasına imkan veren VHDL'in bu özelliği özellikle, sonlu durum makinelerinin(finite states-FSM) tasarımında faydalı bir değişken tipidir.

2.7.3.2. Operatörler

VHDL dilinde kullanılan temel operatör çeşitleri Tablo 2.5'de verilmiştir. Bu operatörleri yüksek ve düşük öncelikli olarak ayırmak mümkündür.

Tablo 2.5. Operatörler

	Operatör Sınıfı	Operatör
Yüksek Öncelikli	Çeşitli	abs, not, **
	Çarpım	* , / , mod, rem
	İşaret	+ , -
	Toplama	+ , - , &
	Kaydırma /Döndürme	sll , srl , sla , sra , rol , ror
Düşük Öncelikli	İlişkisel	= , /= , < , <= , > , >=
	Mantıksal	and, or, nand, nor, xor, xnor

2.7.4. VHDL yapısal elemanları

VHDL dili varlık(entity), mimari(architecture), biçim(configuration), paket(package), kütüphane(library) ve işlem(process) olmak üzere 6 adet yapısal elemana sahiptir. Bu elemanlardan varlık ve mimari VHDL dilin temel iki elemanı olup bunlar hakkında genel bilgiler aşağıda sunulmuştur. Diğer yapısal elemanlar ise varlık ve mimari elemanlarının işlevlerinin zenginleştirilmesinde kullanılırlar.

2.7.4.1. Varlık (entity)

Yapısal elemanlardan ilki olan varlık(entity) elemanı yapısında PORT barındırır. Bu eleman varlığın giriş ve çıkış sinyallerinin biçiminin tanımlandığı bölümdür. PORT, genel olarak IN, OUT, INOUT ve BUFFER olmak üzere 4 çeşit tanımlanabilir. IN, sadece okunabilir özellikli bir varlık üyesi olup giriş için kullanılırken, yazma özelliğine sahip OUT üyesi ise çıkış için kullanılır. INOUT hem okuma hem de yazma özelliğine sahip bir varlık üyesi olup giriş ve çıkışlarda kullanılır. Varlığın son üyelerinden olan BUFFER ise hem okunabilir hem de yazılabilir özellikli bir üyedir. Bir varlığın genel yapısı aşağıda verilmiştir.

```
ENTITY varlık_adı IS
PORT (
Port çeşitleri
);
END varlık_adı;
```

2.7.4.2. Mimari (architecture)

Tanımlı bir varlığın yerine getireceği işlevlerin tanımlandığı bölümdür. Bir mimari elemanının genel yapısı şu şekildedir:

```
ARCHITECTURE mimari _adı OF varlık_adı IS
Sinyal tanımlamaları;
Sabit tanımlamaları;
Tip tanımlamaları;
Parça tanımlamaları;
BEGIN
İşlem ifadeleri;
END mimari _adı;
```

2.7.5. Altprogramlar

Altprogramlar diğer yazılımsal dillerde olduğu gibi VHDL dilinde de önemli bir yer tutmaktadır. Tekrar tekrar kullanılabilmeleri nedeniyle program yazımında kolaylık sağlarlar. VHDL dili "procedure" ve "function" olmak üzere iki tür altprogram yapısını destekler. "procedure" tipli altprogramlar dönüş değeri döndürmezken, "function" tipli alt programlar dönüş değeri döndürürler.

2.8. FPGA Geliştirme Ortamları

Bu bölümde tez çalışmasında kullanılan Altera DE2 ve Cyclone III FPGA geliştirme ortamları hakkında bilgi verilecektir. Geliştirme ortamlarında DE2 geliştirme ortamı, standart giriş/çıkış ara yüzleri için yazılım desteği ve çeşitli bileşenlere erişim için bir kontrol paneli imkanına sahiptir. DE2 kitiyle ses ve video uygulamaları, USB ve Ethernet bağlantısı vb. gibi daha birçok uygulama yapılabilir. Örneğin VGA çıkışı ve ses CODEC'i kullanılarak bir DVD oynatıcıdan video ve ses girişleri oynatılabilir. Farklı bir uygulama olarak host ve aygıt uygulamaları için tam bir USB çözümü sağlar. DE2 kitiyle karaoke makine uygulaması oluşturmak için mikrofon giriş, hat giriş ve çıkış portları kullanılabilir. Hızlı Ethernet kontrolcüsü kullanılarak Ethernet paketleri gönderilip alınabilir. Ayrıca DE2 kiti SD kart erişimi ve profesyonel ses performansı için ihtiyaç duyulan donanım ve yazılımı sağlar, böylece DE2 kiti kullanarak gelişmiş multimedya ürünleri tasarlamak mümkündür. DE2 kitini kullanarak PS/2 klavye ve bir hoparlör kullanarak birçok sesli elektronik klavye yapılabilir. Şekil 2.20 Altera firmasına ait DE2 geliştirme kartının sahip olduğu özelliklerini göstermektedir.

Şekil 2.20. Altera DE2 geliştirme kartı [48]

Bu çalışmada kullanılan FPGA geliştirme ortamlarından bir diğeri de Altera firmasına ait Cyclone III geliştirme kartıdır. Bu geliştirme kartı entegre edilmiş bir USB komut kontrolörü, birden fazla porta sahip SRAM/DDR SDRAM/flash hafıza kontrolörleri, ethernet arayüzü ve tasarımlara hızlı bir şekilde adapte olabilmek için Verilog dilinde yazılmış örnek tasarımları içerir. Cyclone III aygıt ailesi benzersiz yüksek bir işlevsellik kombinasyonu, düşük güç ve düşük maliyet sunar. Cyclone III aygıt ailesi yüksek hacimli, düşük güçlü ve maliyet duyarlı uygulamalar için ideal bir çözümdür. Cyclone III aygıt ailesi 2 çeşittir : Cyclone III ve Cyclone III LS

Cyclone III aygıt ailesi müşteri tarafından tanımlanan, taşınabilir uygulamalar için optimize edilmiş bir özellik seti ve geniş bir yoğunluk oranı, hafıza, gömülü çarpanı ve giriş çıkış seçenekleri sunmaktadır. Ayrıca Cyclone III aygıt ailesi, yaygın yüksek hacimli uygulamalar olan çok sayıda harici hafıza arayüzünü ve giriş çıkış protokollerini desteklemekte ve parametrelenebilir IP çekirdekleri Cyclone III aygıt ailesi ara yüzlerinin ve protokollerinin kullanımını daha kolay yapmaktadır. Şekil 2.21 bu geliştirme kartının sahip olduğu elemanları resmetmektedir.

Şekil 2.21. Altera Cyclone III geliştirme kartı [48]

BÖLÜM 3. QUARTUS II CAD KULLANIMI

3.1. Giriş

Quartus II karmaşık bir CAD(Computer Aided Design) sistemidir. Birçok ticari CAD araçlarının devamlı olarak geliştirilip ve güncelleştirildiği gibi, Quartus II de bir dizi sürüme sahiptir. Bu bölümde Quartus II yazılım paketinin kullanımı hakkında bahsedilecek olup burada yapılan örnekler [49] referansda yer alan İngilizce dokümandan faydalanılmıştır. İlk olarak Quartus II kullanılarak lojik devre tasarımı adım adım gösterilecektir. Bu tasarım işlemi iki yöntem ile yapılabilir: Şematik çizim kullanılarak veya Vhdl, Veilog gibi yazılımsal diller ile. Ayrıca bu iki tasarım metodu kullanılarak da devre tasarlanabilir.

3.1.1. Başlarken

Quartus II de tasarlanan lojik devresi ya da alt devrelerin her birine proje denir. Yazılım bir seferde bir projenin çalışmasına izin verir ve bütün bilgileri dosya sisteminde bir dizin içerisinde bulundurur. Yeni bir lojik devre tasarımına başlarken yapılması gereken ilk işlem dosyaların kaydedilmesi için bir dizinin oluşturulmasıdır. Burada tasarım dosyalarını saklamak için, "BZK_SAU_FPGA" isimli dizin kullanılacaktır. Dizinin ismi ve konumu önemli olmadığı için kullanıcı herhangi bir dizin kullanalabilir. Quartus II yazılımı çalıştırıldığında Şekil 3.1'de gösterilen ekrana benzer bir ekran ile çalışmaya başlayacaktır. Bu ekran Quartus II'de kullanıcının fare ile seçtiği bütün özelliklere erişimi sağlayan bir çok pencereden meydana gelmektedir. Quartus II yazılımının sağladığı çoğu komuta, başlık çubuğunun aşağısında bir dizi menü kullanılarak erişilebilir.

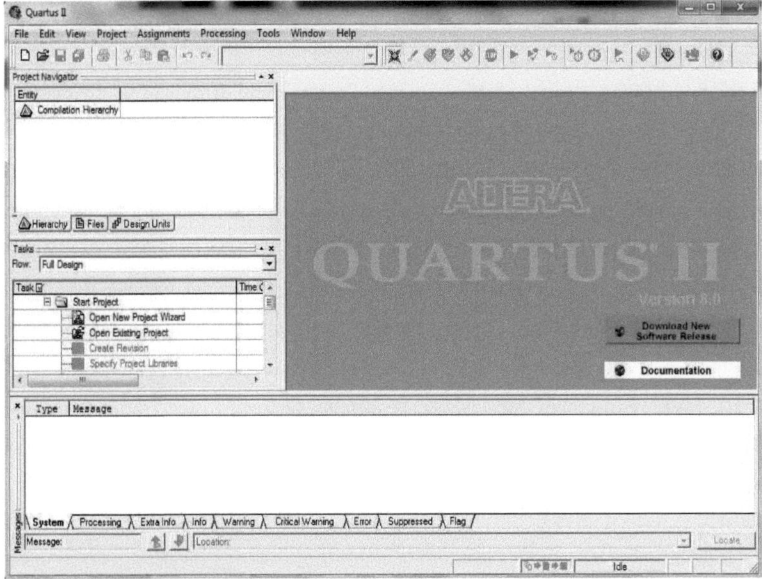

Şekil 3.1. Quartus II ana penceresi

3.1.2. Quartus II çevrim içi yardım/destek

Quartus II yazılımının kullanım sürecinde ortaya çıkabilecek sorunların çoğunu çözümleyen kapsamlı çevrim için dökümantasyon bulundurmaktadır. Bu dökümantasyona Help menüsünden ulaşılabilir. Sağlanan dökümantasyonun kapsamı hakkında fikir edinebilmek için, kullanıcının Help menüsünü gözden geçirmesi faydalı olacaktır. Örneğin "Help I How to Use" Help seçeneği ne tür yardım sağlandığı hakkında bildirimler vermektedir. Kullanıcının anahtar kelimelerini girilebileceği iletişim kutusunu açan "Help I Search" seçeneği hızlı aramalar yapılabilmektedir.

3.2. Yeni Bir Proje Oluşturma

Yeni bir tasarım projesinde çalışmak için ilk olarak yeni bir design project(tasarım projesi) oluşturulması gerekmektedir. Quartus II yazılımı sihirbaz desteği sunarak tasarımcının işini kolaylaştırmaktadır. Sihirbaz yardımı penceresine ulaşmak için,

"File I New Project Wizard" seçeneğinin seçilmesi gerekmektedir. Şekil 3.2'de gösterilen pencerede "Next(İleri)" seçeneği seçilerek çalışma dizininin BZK_SAU_FPGA\Ornek1 olarak ayarlayın. Projenin ismi dizin ismi ile aynı isimde de olabileceği gibi farklı bir isimde olabilir. Biz ilk örneğimizin ismini ornek1 olarak belirlenmiştir. Quartus II yazılımının, proje içerisinde üst düzey tasarım öğesi isminin ornek1 olmasını otomatik olarak önerdiğine dikkat edin. Bu isimlendirme kabul edilebilir bir öneridir fakat kullanıcının farklı bir isim kullanmak istediğinde bu isimlendirme göz ardı edilebilir. Next(İleri) seçeneğini seçrek Quartus II yazılımı BZK_SAU_FPGA\Ornek1 dizini henüz oluşturulmadıysa, istenilen dizinin oluşturulup oluşturulmadığını Şekil 3.3'te görüntülenen açılan kutu ile sormaktadır. Şekil 3.4'te gösterildiği gibi açılan pencerede tasarımcı varsa projeye mevcut dosyalarını ekleyebilmektedir. Eklenecek dosya yoksa Next(İleri) seçeneği tıklanarak bir sonraki adıma geçilir.

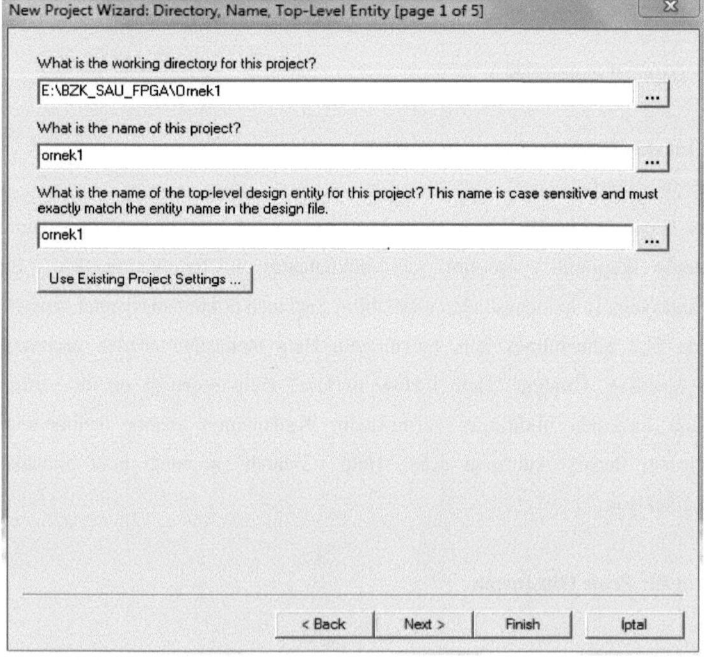

Şekil 3.2. Proje dizini ve ismini belirleme

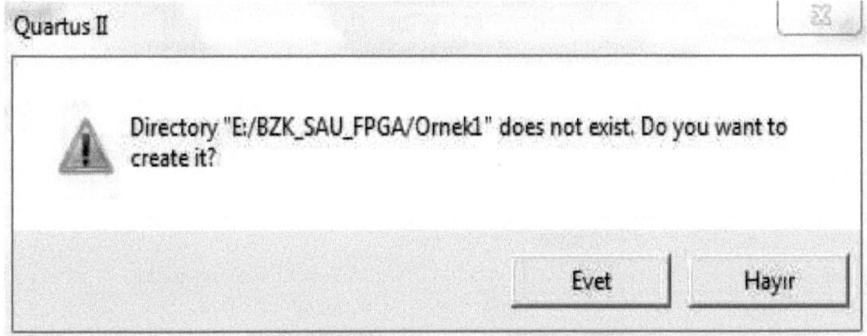

Şekil 3.3. İstenilen dizinin oluşturulmasının onaylanması

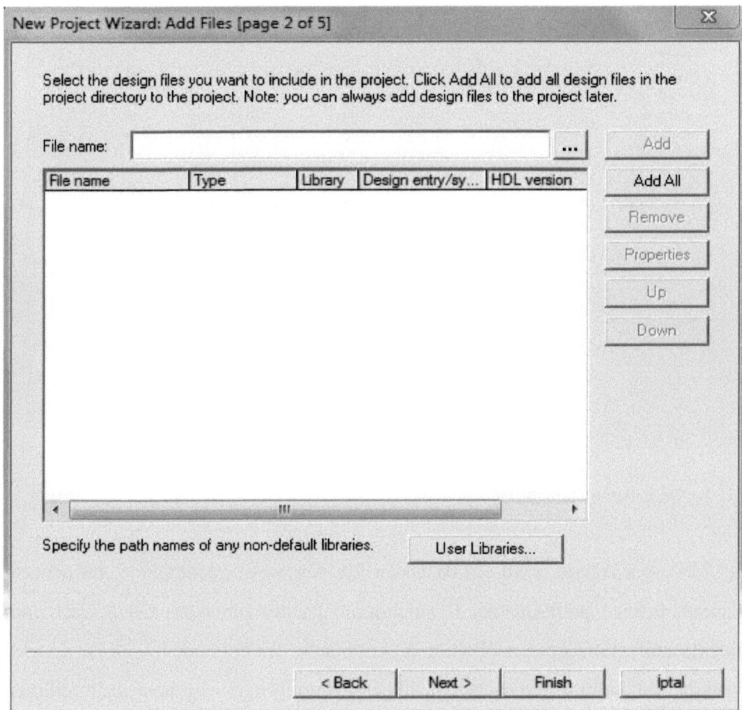

Şekil 3.4. Tasarım dosyalarının eklendiği pencere

Şekil 3.5'de yer alan ekran tasarımcıya, tasarlanan devrenin uygulanacağı aygıt türünü belirlemesine yardımcı olur. Bu adımda tez çalışmasında kullanılan Altera

DE2 boardı(kartı) üzerinde kullanılan FPGA türlerinden Cyclone II E2C35 aygıt ailesi seçilerek bir sonraki adıma geçilmektedir.

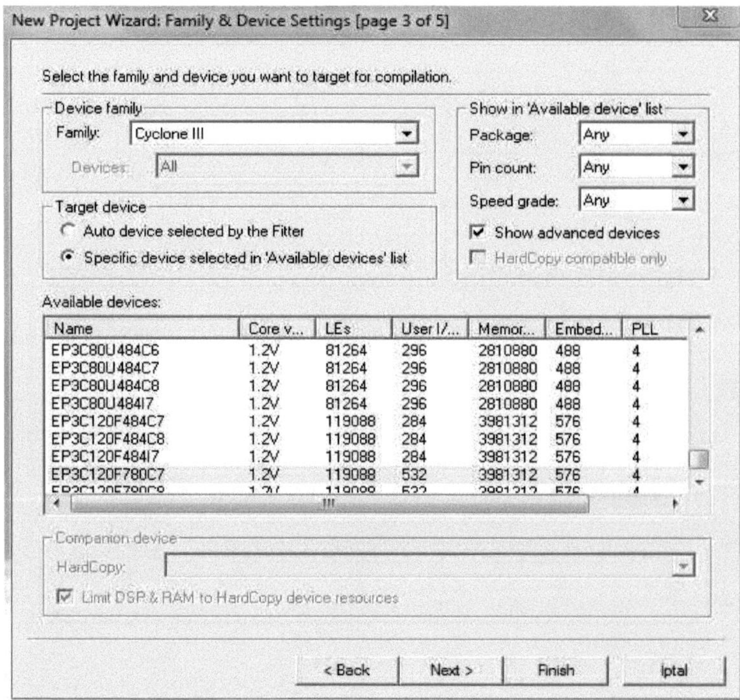

Şekil 3.5. Aygıt ailesinin türünün belirlenmesi

Next(İleri) seçeneğiyle Şekil 3.6'da gösterilen pencereye geçildiğinde, bu pencere kullanılan üçüncü parti(Quartus II yazılımının parçası olmayan) CAD araçlarının kullanılıp kullanılmayacağının belirlendiği aşamadır. Bu bölümde bilgisayar destekli tasarımda kullanılmak üzere geliştirilmiş yazılım programlarından bahsedilirken CAD araçları terimi kullanılmıştır. Elektronik Tasarım Otomasyonu olarak bilinen EDA araçları ise kullanılan bir diğer yazılım terimidir. Bu terim Altera haricindeki diğer şirketlerin geliştirdiği ve piyasaya sürdüğü üçüncü parti araçlardan bahsedildiğinde karşımıza çıkmaktadır. Şekil 3.1'de gösterilen Quartus II ekranına dönmek için ornek1 tasarımını yeni bir proje olarak kaydettikten sonra Finish(Bitir) butonu seçilerek proje oluşturma aşamaları tamamlanmış durumdadır.

New Project Wizard: EDA Tool Settings [page 4 of 5]

Specify the other EDA tools -- in addition to the Quartus II software -- used with the project.

Design Entry/Synthesis
Tool name: <None>
Format:
Run this tool automatically to synthesize the current design

Simulation
Tool name: <None>
Format:
Run gate-level simulation automatically after compilation

Timing Analysis
Tool name: <None>
Format:
Run this tool automatically after compilation

< Back | Next > | Finish | İptal

Şekil 3.6. Diğer EDA araçlarının belirlenmesi

3.3. Şematik Çizim Metodu Kullanılarak Tasarıma Giriş

Burada şematik çizim metodu kullanılarak tasarımların nasıl oluşturulacağı hakkında basit bir örneğin adım adım tasarımı yapılacaktır. Basit bir önek olması açısından f=a'b+ab' lojik fonksiyonunun devre çizimi gerçekleştirilecektir. f fonksiyonunun tamamlnamış devre çizimi Şekil 3.7'de görülmektedir. f için doğruluk tablosu, Şekil 3.8'de verilmiştir.

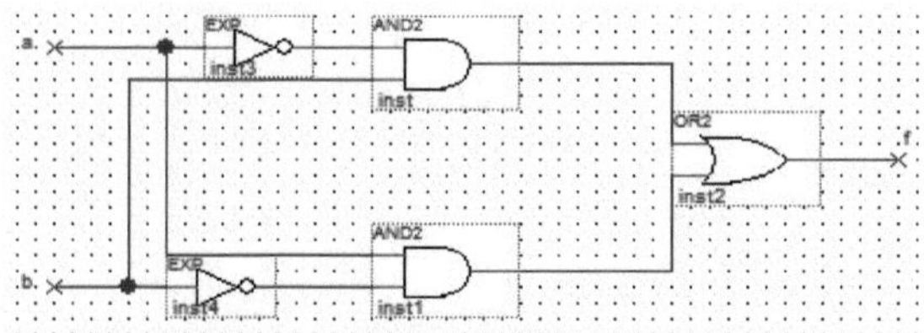

Şekil 3.7. f=a'b+ab' fonksiyonunun tamamlanmış devre çizimi

a	b	f
0	0	0
0	1	1
1	0	1
1	1	0

Şekil 3.8. f lojik fonksiyonun doğruluk tablosu

3.3.1. Blok düzenleyici

Quartus II yazılımında File/New seçeneğini seçilerek Şekil 3.9'da gösterildiği gibi tasarımcıya oluşturacağı dosya türünü seçmesine izin veren bir pencere ile karşılaşılmaktadır. Devreler, Verilog kodlamaları, VHDL ve AHDL(Alteraya özgü HDL) gibi donanım tanımlayıcı dil dosyaları gibi mevcut dosya türleridir. EDIF (Electronic Design Interface Format-Elektronik Tasarım Arayüz Formatı) olarak isimlendirilen standart formatta devreyi gösteren dosyanın oluşturulması için üçüncü parti sentez aracının kullanılması da mümkündür. EDIF standardı EDA araçları arasında bilgi değişimi için uygun bir ortam sağlaması açısından faydalı bir araçtır. Açılan "new" adlı pencereden Block Diagram/Schematic File seçeneği Şekil 3.10'daki şeklin sağ tarafında görüleceği üzere block editör ekranını açacaktır. Burada devre çizimi ile, istenilen blok diyagramı dosyası hazırlanır.

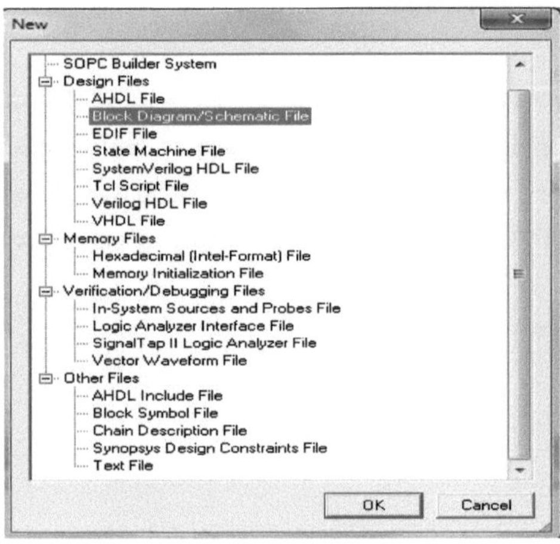

Şekil 3.9. Tasarım dosyasının türünün seçilmesi

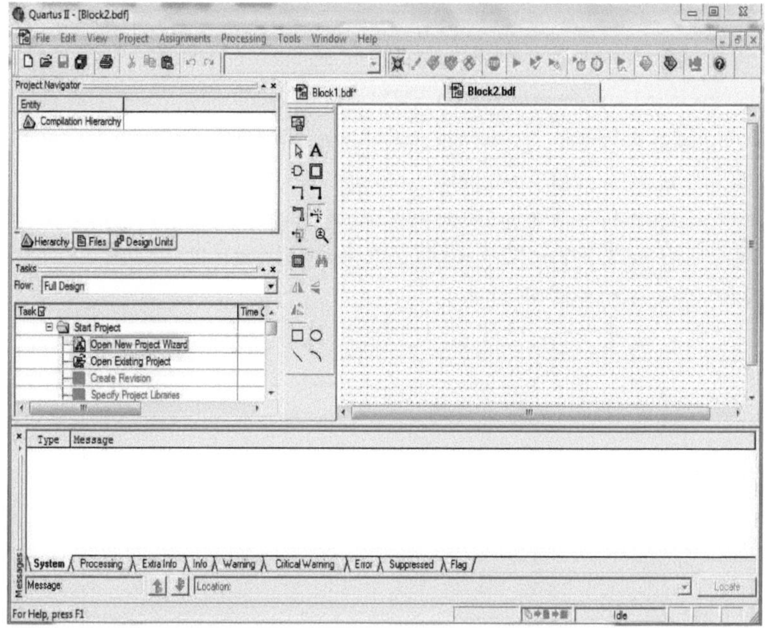

Şekil 3.10. Blok editör düzenleyici

3.3.1.1. Kullanılan lojik kapısı sembolleri

Block editörü devreye dışarıdan eklenebilecek devre elemanlarını içeren çeşitli kütüphaneler bulundurur. Örneğimizde temel lojik kapılarını içeren primitives olarak isimlendirilen bir kütüphane kullanılacaktır. Bu kütüphaneye Block Editörü penceresi içinde Şekil 3.11'de gösterilen pencerenin açılması için boş alanda çift tıklanılarak erişilebilir.(Diğer yöntem ise, Edit I Insert Symbol seçimiyle veya araç çubuğu üzerinde AND kapı sembolü seçilerek bu pencerenin açılmasıdır) Şekilde görüldüğü gibi, Quartus II yazılım ile gelen Libraries etiketi çeşitli kütüphaneleri barındırmaktadır. Listeyi genişletmek için, "c:/altera/libraries" yanındaki küçük + sembolünü sonra primitives yanındaki küçük + sembolünü ve son olarak logic yanındaki küçük + sembolü seçilir. Devreye eklemek için and2 sembolüne çift tıklatıldığında Block Editör penceresinde iki girişli AND kapısı oluşur. Fare yardımı ile and2 sembolü devrede bulunacağı yere taşınması ve yerleştirilmesi işlemi gerçekleştirilir.

Fare yardımıyla devrede yer alan sembollerin seçilmesi gerçekleştirilebilir. Bunun için farenin imlecini devrede bulunan AND kapısının üzerine konumlandırarak seçim işlemi gerçekleştirilmiş olur. Seçilen sembol koyu bir renkte olup sembolü taşımak için, farenin sol tuşuna basılı tutarak istenilen yere sürüklenmesi gerekmektedir. Grafiksel sembolleri ekranda daha kolay konumlandırabilmek için, Block Editör çalışma penceresinde View|Show Guidelines seçimi yapılarak klavuz ızgarası(rehber gridler) aktif duruma getirilmelidir.

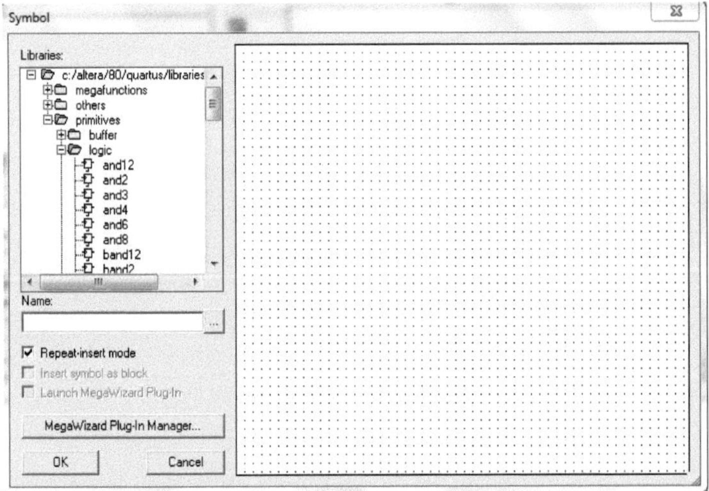

Şekil 3.11. Lojik sembollerin seçilmesi

Örnekteki f lojik foksiyonu iki adet iki girişli AND kapısı, bir adet iki girişli OR kapısı ve iki adet NOT kapısına gereksinim duymaktadır. Bu kapıları devreye eklemek için aşağıda belirtilen aşamaları uygulamak grekir.

Fare işaretçisini eklenilen AND kapı sembolünün üzerine konumlandırarak klavyeden kontrol(Ctrl) tuşuna basılı tutmak koşuluyla AND kapı sembolü fare yardımıyla seçilip sürüklendiğinde Block Editör AND kapı sembolünün ikinci bir örneğini otomatik olarak eklemektedir. Devredeki herhangi bir elemanının kopyası elde edilmek istendiğinde bu işlem yaygın olarak kullanılır. Diğer alternatif yöntem ise, yukarıda açıklandığı gibi her bir örnek sembolü primitives kütüphanesi yardımıyla eklemektir.

OR kapısı sembolünü eklemek için, primitives kütüphanesine gelerek Block Editör penceresinde boş alanda fareyi iki kere tıklamak ve or2 olarak isimlendirilen sembolü bulmak için kapı listesini aşağı yukarı kaydırarak kaydırma çubuğunu kullanmak gerekir. Listeden bu sembolü bularak devreye eklemek gerekir. Aynı işlemleri uygulayarak NOT kapısı da devreye eklenebilir. Devredeki semboller, yukarıda açıklandığı gibi fare yardımıyla seçilerek taşınabilir ve sürüklenebilir. Fare yardımıyla bir seferde birden fazla sembol seçilebilir ve taşınabilir. Seçilen sembollerden herhhangi biri hareket ettirilerek istenilen konuma taşınabilir.

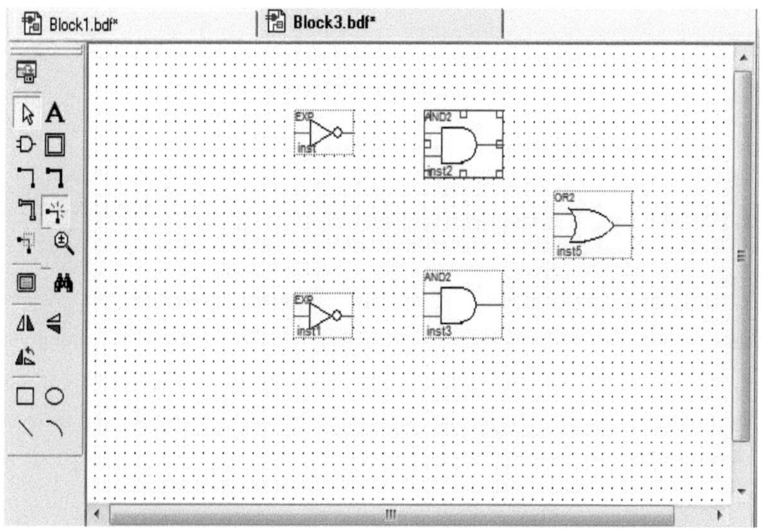

Şekil 3.12. Eklenen kapı sembolleri

3.3.1.2. Giriş ve çıkış sembolleri ekleme

Lojik kapı semboleri eklendikten sonra devrenin giriş-çıkış portlarına veri gönderilmesi için giriş-çıkış sembollerinin eklenmesi gereklidir. Bunun için primitives kütüphanesinden Pins adındaki klasörde yer alan input(giriş) olarak isimlendirilen sembolden iki adet ve tekrar primitives kütüphanesinden bir adet output(çıkış) sembolünü eklemek gerekmektedir. Eklenen semboller Şekil 3.13'te görülmektedir.

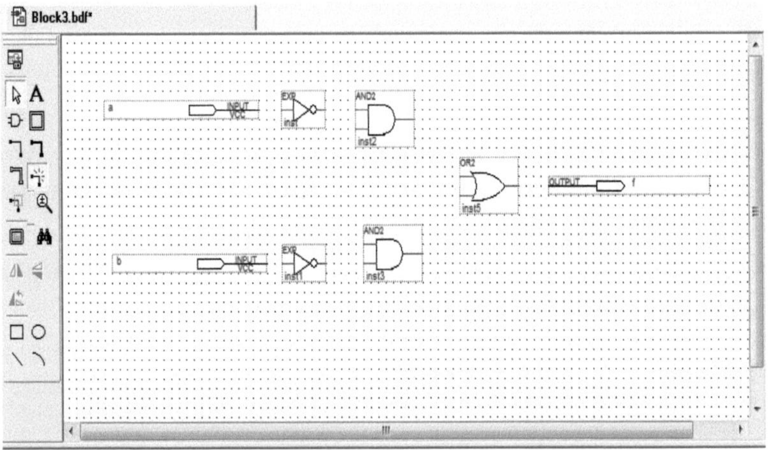

Şekil 3.13. Kapılar ve pinlerin düzenlenmesi

3.3.1.3. Giriş ve çıkış sembollerini isimlendirme

Çizimde giriş pin sembolünün sol üst köşesinde gösterilen pin adının fonksiyonumuzda yer alan isim ile aynı olabilmesi için giriş sembolü fare yardımıyla iki sefer tıklanması suretiyle değiştirilebilir. Yeni pin ismi "a" girilerek pin adı değiştirilmiş olur. Bu yöntem ile diğer giriş ve çıkış pinlerinin de isimleri değiştirilebilir.

.

3.3.1.4. Hat (wires) ile nod (nodes) bağlantısı

Sonraki adım, devrede sembolleri birbirine bağlamak için hatlar çizmektir. Ekraanın sol köşesinde yer alan dikey araç çubuğunda "Selection and Smart Drawing tool" olarak isimlendirilen bu simge Block Editörü ekranında bir sembolü seçerek veya semboleri birbirine bağlamak için hat çizim modları arasında sembollerin otomatik olarak değiştirilmesine imkan tanır. Farenin gösterdiği yere bağlı olarak uygun mod seçilir. Fare işaretçisini a giriş sembolünün sağındaki ok sembolü üzerine gelindiğinde imleç "+" şekline bürünecektir. İmleç bu durumda iken farenin sol tuşuna basılı tutarak bağlanmak istenen sembolün üzerine gelerek hat sağlanmış olur. Şekil 3.14 ve 3.15 devrenin hat bağlantılarını göstermektedir.

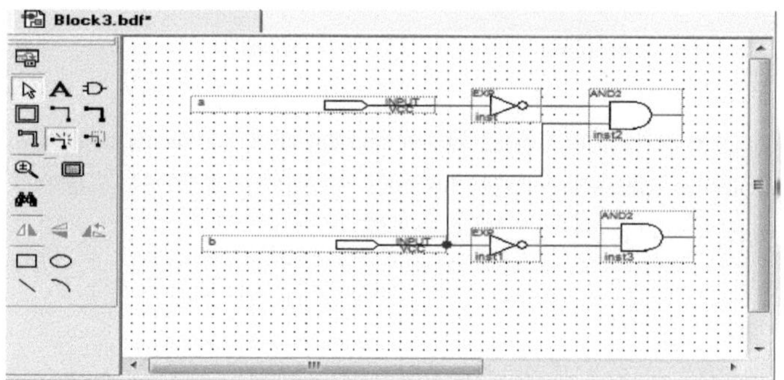

Şekil 3.14. Devrenin genişletilmiş görünümü

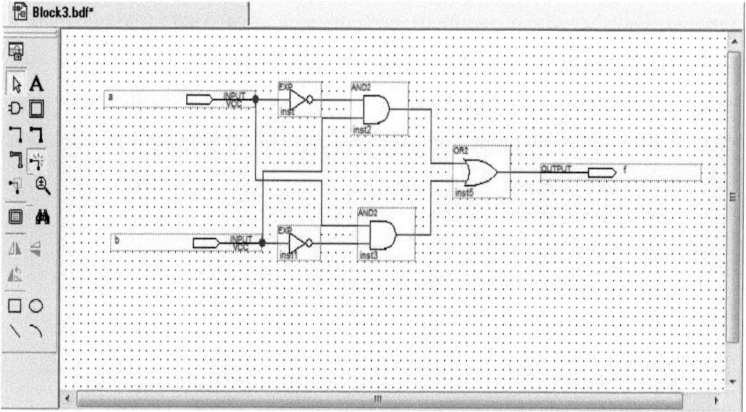

Şekil 3.15. Tamamlanmış devre

File|Save As seçimini kullanarak devreyi ornek1 ismi ile kaydederek dosyanın ornek1.bdf ismi ile kaydedildiğine dikkat etmek gerekir. Devre tasarımındaki kapılardan birini seçip hareket ettirildiğinde devrenin düzeninde değişme meydana gelecektir. Örnek devremiz oldukça sade olmakla birlikte, karmaşık devreler çizmeye gerek kalmadan devredeki bütün hatları çizmek de kolaydır. Bununla birlikte, daha büyük devrelerde bağlantılı olması gereken bazı nodlar(düğüm) uzak düştüğü durumlarda bu nod(düğüm)lar arasına hat çizmek kullanışlı değildir. Buna benzer durumlarda, hat çizimi yerine nod(düğüm)lar etiketleme yolu ile bağlantı sağlanmış olur.

3.3.2. Şematik devre sentezleme

CAD sistemi içerisine tasarım kaydedildikten sonraki adım, haritalama teknolojisi olarak isimlendirilen sentez işlemi, her bir lojik ifadenin hedef çipte uygun lojik elemanlar üzerinde nasıl uygulandığını göstermektir.

3.3.2.1. Derleyici kullanımı

Quartus II içinde bulunan CAD araçları bir dizi modüllere ayrılır. Temel modüllerden dördü olan ve Şekil 3.16'da gösterilen pencereyi açmak için Processing | Compiler Tool seçiminin yapılması gerekmktedir. Analysis&Synthesis modülü Quartus II yazılımında sentezleme adımlarını yürütmektedir. Lojik elemanlardan temel çip içerisinde her bir elemanın doğrudan uygulandığı devre üretimini yapar. Fitter modülü sentez yöntemiyle üretilen elemanların her birinin çip üzerindeki tam konumunu belirlemektedir.

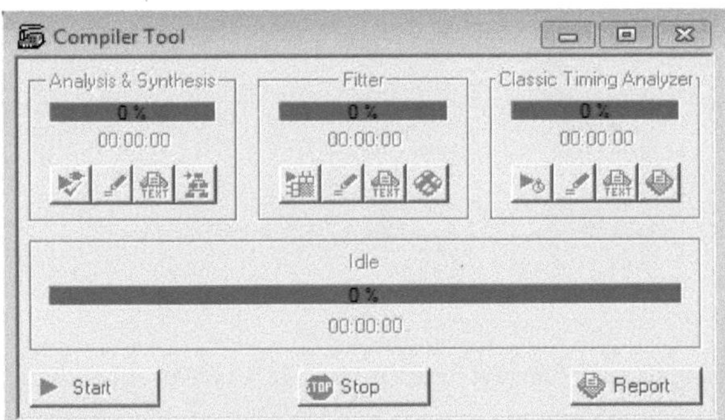

Şekil 3.16. Derleyici penceresi

Quartus II modülleri Compiler(Derleyici) olarak isimlendirilen uygulama programı tarafından kontrol edilir. Derleyici bir seferde bir modül çalıştırmak için kullanılabilir, veya sırayla birden fazla modül çalıştırılabilir. Quartus II kullanıcı arayüzünde Derleyiciye erişim için birden fazla yöntem bulunmaktadır. Şekil 3.16'da görüleceği üzere Analysis&Synthesis altında en soldaki düğme seçilerek bu modül çalıştırılabilir. Benzer biçimde, şekilde yer alan en soldaki düğme seçilerek Fitter modülü çalıştırılabilir. Derleyiciye erişmenin yaygın yöntemlerinden bir diğeri, Processing I Start seçimini kullanmaktır. Processing I Start I Start Analysis&Synthesis, Synthesis modülünü çalıştıran komuttur. Processing I Start I Start Analysis&Elaboration komutu kullanılarak Synthesis modülü bölümü çağrılabilir. Bu komut yalnıza Synthesis modülünün tasarım projesinde söz dizimi hatalarının kontrol edildiği ve projede sunulan yardımcı tasarım isimlerinin tanımlandığı başlangıç bölümlerini çalıştırır. Processing I Start Compilation komutu Şekil 3.16'da gösterildiği üzere Start Compilation seçimiyle eşdeğerdir. Bu komut için araç çubuğunda da mor üçgene benzer bir simge bulunmaktadır.

CAD araçlarını kullanmanın etkili bir yolu da tasarım sürecinin her hangi bir aşamasında sadece gerekli modülleri çalıştırmaktır. Bu yaklaşım kullanışlıdır çünkü bazı CAD araçları büyük çapta tasarım projelerini tamamlamak için uzun zaman gerektirebilir. Şematik olarak oluşturulan bu bölümdeki tasarımın amacı fonksiyonel uygulama olduğundan bu işlemi yürütmek için sadece Synthesis çıkışı gereklidir ve bunun için Synthesis modülünün çalıştırılması yeterlidir.

Processing I Start I Start Analysis&Synthesis komutu seçilerek sentezleme işlemi başlatılmış olur. Derleme devam ederken, ilerleme skalası Quartus II ekranının sağ alt köşede ve sol tarafta Status yardımcı penceresinde derlemenin gidişatı hakkında bilgi verecektir.(eğer pencere açılmazsa, View I Utility Windows I Status seçimiyle pencereye erişilebilir). Başarılı veya başarısız derleme işlemi sonucu bir pencerede kullanıcıya bildirilir. OK seçeneği ile derleme işlemini özetleyen rapor görüntülenecektir. Şekil 3.17'de örnek bir rapor görülmektedir. Eğer rapor penceresi açılmazsa, araç çubuğunda uygun araç kullanılarak Compiler Tool(Derleyici Aracı) üzerinde Report seçimi veya Processing I Compilation Report seçeneği aktif duruma getirilmelidir. Rapor özeti Cyclone II FPGA içinde örnek tasarımımızın sadece üç pi ve bir lojik eleman kullandığını gösterir.

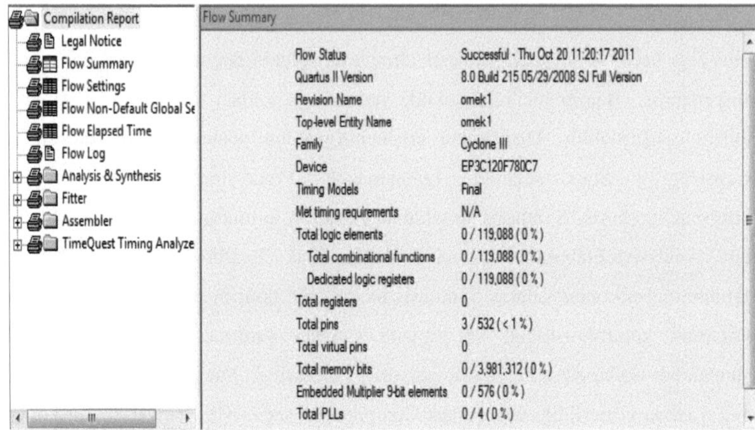

Şekil 3.17. Derleme raporu özeti

3.3.2.2. Hatalar

Quartus II derleme sürecinde mesajları, mesaj penceresinde görüntüler. Bu pencere Şekil 3.1'de gösterilen Quartus II başlangıç ekranının alt kısmında yer almaktadır. Şematik çizim doğru olarak çizilirse, mesaj olarak kullanıcıya "Hata bulunamadı ve derleme süreci başarıyla sonuçlandı" mesajı verilecektir. Hata yapıldığında ne olacağını görmek için, çizimdeki b girişini alttaki AND kapısında bağlayan hattı kaldırın ve değiştirilmiş şematik çizim tekrar derlendiğinde derleme "başarılı değildir" ve iki hata mesajı görüntülenir. İlk hata olarak "Söz konusu AND kapısının kaynağının bulunamadığı" tasarımcıya iletilir. İkinci hata olarak ise "Hata bulundu" uyarısı tasarımcıya iletilir. Büyük bir devre söz konusu iken, herhangi bir hatanın kaynağını bulmak zordur. Quartus II yazılımı, hata mesajı üzerine iki sefer tıklandığında kullanıcıya hatanın meydana geldiği yere götürerek hatanın düzeltilmesi konusunda kullanıcıya yardımcı olur.

BÖLÜM 4. BİLGİSAYAR MİMARİSİ TASARIMINA MODÜLER YAKLAŞIM ve GÖMÜLÜ İŞLETİM SİSTEMİ TASARIMI

Bilgisayar Mimarisi ve Organizasyonu, İşletim Sistemi vb. dersler Bilgisayar Mühendisliği ve Bilgisayar Bilimleri gibi bölümlerin 4 yıllık eğitim müfredatında yer alan temel derslerdendir [48,49]. Bu derslerin müfredatında yer alan teorik bilgileri geleneksel metot olarak adlandırılan kalem ve kağıt kullanarak öğrencilere aktarma yöntemi yetersiz kalmaktadır [50,51].

Bilgisayar Mimarisi ve Organizasyonu dersindeki kavramların öğrenciye aktarımında yaşanan problemler çoğunlukla teorik bilginin uygulama ile beraber yürütülmemesi ve dolayısıyla teorik bilginin öğrencinin zihninde yeteri kadar yer edinmemesine sebep olmaktadır. Bu etkenler öğrencinin bu derse karşı olan motivasyonunun azalması olarak yansımaktadır [52]. Teorik bilginin uygulama ile beraber yürütülmesi adına literatürde çeşitli mikro bilgisayar mimarisi tasarımları ve simülatörleri mevcuttur. Bu simülatör ve tasarımların özellikleri ve kullanımı hakkında detaylı bilgi [8] nolu kaynaklarda bulunmaktadır. Literatürde yer alan simülatörlerin büyük bir çoğunluğu programlama dilleri kullanılarak meydana getirilmiş yazılımsal tasarımlardır. Emülatör programları kullanılarak tasarlanan simülatörler ise genellikle emülatörün sağlamış olduğu hazır yapıları kullanmaktadır. Başka bir ifadeyle, simülatörlerin bütün birimleri lojik kapı seviyesinde tasarlanmamış yapılardır. Bu tasarımlar yukarıda bahsi geçen derslerde gösterilen kavramların öğrenilmesine yardımcı olmakta, fakat tasarlanan birimlerin donanımsal iç yapılarının incelenmesine imkan vermemektedir. Bu eksiklikleri gidermek adına 2009 yılında "Bilgisayar Mimarisi Simülatörü Tasarımı" adında bir yüksek lisans tezi [38] tarafımızca hazırlanmıştır. Şu an itibari ile Sakarya Üniversitesi Bilişim Bilimleri Fakültesi Bilgisayar Mühendisliği bölümünde okutulmakta olan Bilgisayar Mimarisi ve Organizasyonu dersinde yardımcı materyal olarak kullanılmaktadır. Bu tez çalışmasında tasarlanan bilgisayar mimarisi simülatörü 59 adet komut icra edebilmektedir. Bu komutların dağılımı şu şekildedir; 21 tanesi bellek ve akümülatör ile ilgili işlemler, 8 tanesi indeks ve yığın üzerindeki işlemler, 22 tanesi dallanma işlemleri, 6 tanesi durum kod kaydedicisi üzerinde yapılan işlemler ve 2 tanesi de giriş-çıkış işlemleridir. Altı farklı adresleme moduna sahiptir. Bunlar; derhal(immediate), direkt(direct), dolaylı(indirect), indis(index), göreceli(relative) ve doğal(inherent) adresleme modlarıdır. Bu bilgisayar mimarisinin genel ve özel amaçlı olmak üzere toplam 11 adet kaydedicisi vardır. Kaydedicilerin bir kısmı 16 bit ve bir kısmı da 8 bit genişliğindedir. Bu mimarideki birimlerin birbirleriyle iletişimi sağlayan adres ve veri yolu 16 bit uzunluğundadır. Adres kaydedicisi 16 bit olduğundan bu mimarinin adresleyebileceği bellek alanı 64KB'tır. Göreceli veya indis adresleme moduna sahip bir komutun icrası için gerekli olan etkin adresi hesaplayabilmek için Aritmetik ve Lojik Ünite(ALU) yerine özel bir yapı kullanılmıştır. Bu yapı sayesinde, belirtilen adresleme modlarına sahip komutların icra edilme sürelerinde altı çevrimlik(cycle) zaman tasarrufu sağlanmıştır. Tasarımı yapılan bilgisayar mimarisi simülatörünün blok diyagramı Şekil 4.1'de görülmektedir.

Hem literatürde yer alan eğitimsel bilgisayar mimarisi simülatör tasarımları olsun hem de 2009 yılı Sakarya Üniversitesi Fen Bilimleri Enstitüsü'nde yayınlanan "Bilgisayar Mimarisi Simülatörü" başlıklı yüksek lisans tezi [38] olsun bu tasarımların çalışması sanal ortamda gerçekleşmektedir. Bilindiği gibi bu tasarımların gerçek ortamlarda çalışması sanal ortamdakinden bir miktar farklı olacaktır. Ayrıca tasarımın icra edildiği yazılımsal programların esnek olmaması nedeniyle, kullanıcıya özgü tasarımların gerçekleşmesini kısıtlamaktadır. Bu ve benzeri sebeplerden ötürü literatürde programlanabilir lojik elemanların kullanımı giderek yaygınlaşmaktadır. Programlanabilir lojik elemanlardan olan alanda programlanabilir kapı dizileri(FPGAs), kullanıcılara onbinlerce lojik kapıların olduğu bir geliştirme ortamı sunar [53,54]. Bu ortam sayesinde kullanıcılar gerçek bir donanım üzerinde projelerini oluşturma imkanına kavuşmuş olurlar. FPGA geliştirme ortamı kullanılarak oluşturulan eğitimsel çalışmalar literatürde son yıllarda sıkça yer almaktadır [11–19]. Yüksek lisans tez çalışmasında tasarlanan bilgisayar mimarisinin FPGA geliştirme kartlarından biri olan Altera DE2 FPGA geliştirme ortamına aktarılması bu çalışmada yapılan ilk işlemi oluşturmaktadır [55]. Tasarım bu ortama taşındıktan sonra modülerlik kavramının mimariye adaptasyonu ve bu mimari üzerine temel seviyede eğitimsel amaçlı bir işletim sisteminin tasarlanması bu projedeki diğer çalışmaları teşkil etmektedir.

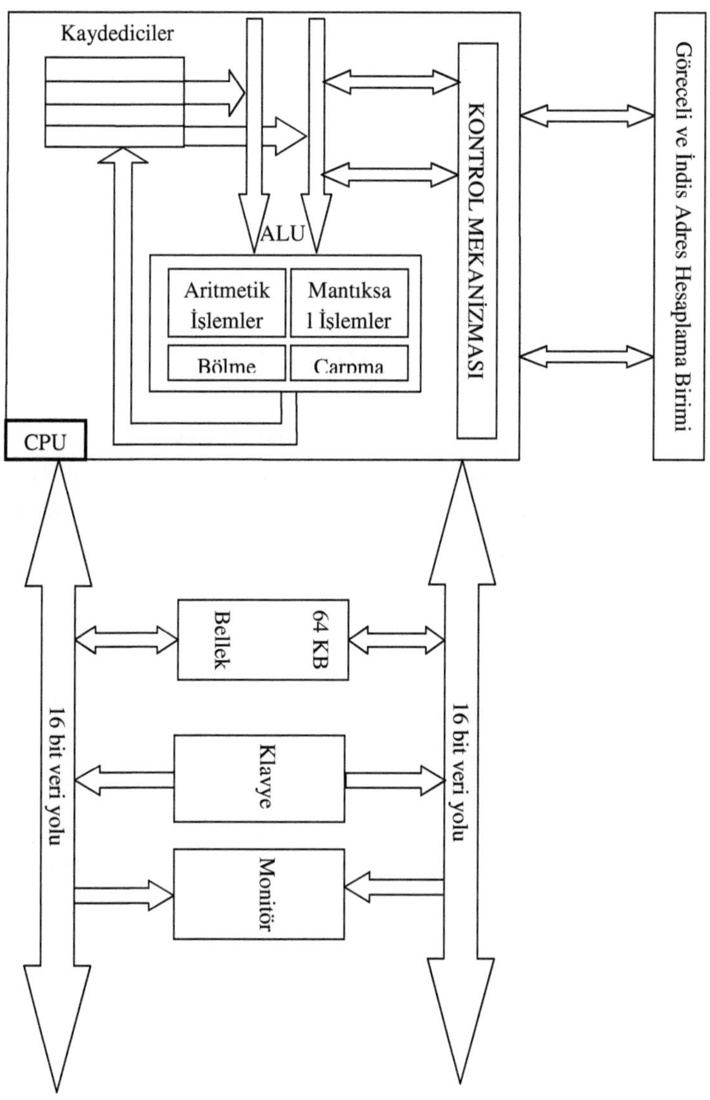

Şekil 4.1. Tasarlanan Bilgisayar Mimarisi Simülatörü blok diyagramı [38]

4.1. Modülerlik Kavramı

Modülerlik kavramı öğrenci merkezli yaklaşımlardan biridir [56]. Modülerlik, öğrenciyi merkeze alarak öğrencinin ilgi, ihtiyaç ve yetenekleri doğrultusunda öğretimi yönlendirmeye çalışır. Hem literatürde yapılan çalışmalar hem de yüksek lisans tezindeki bilgisayar mimarisi tasarımın FPGA ortamına aktarılmış versiyonu Bilgisayar Mimarisi ve Organizasyonu ve benzeri derslerdeki uygulama eksikliğini azaltma adına tasarlanmış faydalı eğitim materyalleridir. Ancak tasarlanan sistemin işleyişini bütünüyle kavrama epey bir zaman gerektirmektedir. Ayrıca mevcut sisteme kullanıcının müdahale etme şansı çok düşüktür. Başka bir deyişle kullanıcının mevcut sistemdeki bir bileşeni devreden çıkartarak aynı görevi gören kendisinin tasarladığı başka bir bileşeni sisteme entegre etmesi neredeyse mümkün değildir. Bu tezde öncelikli olarak, yüksek lisansta yaptığımız tez çalışmasının FPGA versiyonuna, modüler bir yapı kazandırılmaya çalışılmıştır. Modülerlik özelliği sayesinde kullanıcıya, sistemdeki her bir bileşenin yerine kendi tasarladığı bileşeni entegre edebilme imkanı verilmiştir. Başka bir ifadeyle modülerlik yaklaşımı tak ve gör(plug&see) yapısında olan kullanıcı dostu bir yaklaşımdır. Bu sayede kullanıcı kendi tasarladığı birimin çalışmasını sistemin çalışmasını aksatmadan gözlemleyebilmektedir. Ayrıca kullanıcının var olan sistemdeki bileşenlerin boyutunu kolaylıkla değiştirebilmesi modülerliğin getirmiş olduğu diğer bir kazanım olarak karşımıza çıkmaktadır. Modülerlik özelliğin öğrenci üzerindeki etkisini ölçmek adına Sakarya Üniversitesi Bilgisayar Mühendisliği bölümünün 2010-2011 yılı bahar döneminde Bilgisayar Mimarisi ve Organizasyonu dersi kapsamında bir grup öğrenciye anket çalışması yapılmıştır. Anket çalışmasıyla ilgili geniş bilgi Bölüm 5'de bulunmaktadır. Modülerlik özelliğinin tasarlanan sisteme yansıması iki ana başlık altında incelenecektir. Kullanıcının kendi tasarımını entegre edebildiği durum modülerliğin ilk yansıması olarak karşımıza çıkarken, sisteme müdahil olarak sistemin boyutunu düzenlemeye gidebilmesi modülerliğin bu birim üzerindeki yansımanın ikinci çeşidini oluşturmaktadır.

4.1.1. Modüler aritmetik ve mantık birimi

Mikro bilgisayar mimarisi tasarımının aritmetik ve mantık işlemlerinin yapıldığı bu birim olan 4 ana bölümden oluşmaktadır: Sys_Usr_Ctrl, ALU_Interface, Sys_ALU, Usr_Defined_ALU. Bu birimin blok diyagramı Şekil 4.2'de görülmektedir.

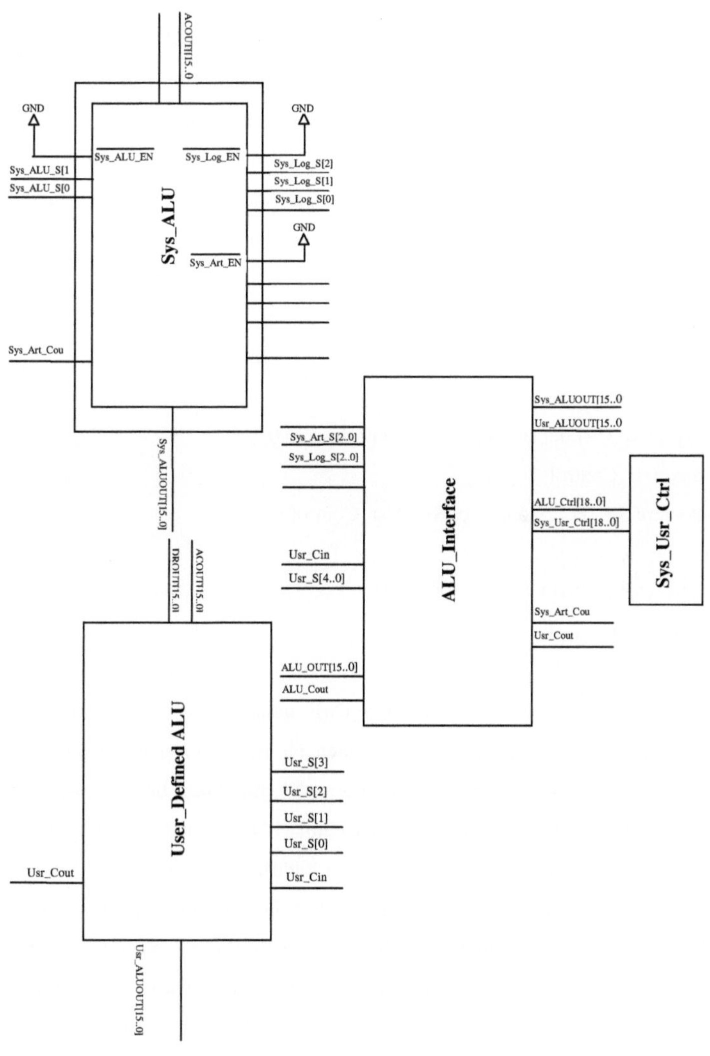

Şekil 4.2. Modüler ALU blok diyagramı

Bu birimde ayrıca bölme ve çarpma işlem birimlerine paralellik özelliği katılarak bu birimlerde yürütülen işlemlerin bir çevrimlik zaman süresinde bitirilmesi gerçekleştirilmiştir. Bunun sonucu olarak simülatör tabanlı bilgisayar mimarisindeki bölme ve çarpma işlemlerinin icra edilme süreleri önemli ölçüde azaltılarak mimarinin çalışma hızında artış kaydedilmiştir.

Bu birimdeki ilk alt birim Sys_Usr_Ctrl isimli ve sistem ile kullanıcı ALU birimleri arasındaki entegrasyonu sağlayan birimdir. Bu birimde yer alan 18 bitlik bir kaydedici vasıtasıyla işlemlerin kullanıcı tanımlı ALU birimi tarafından mı yoksa sistemin kendi ALU birimi tarafından mı icra edileceğine karar verilmektedir. Bu birim tek satırlık vhdl(very high speed integrated circuit hardware definition language) dilinde yazılmış bir koddan meydana gelir. Bu tek satırlık kod aşağıda verilmiştir:

```
library IEEE;
use ieee.std_logic_1164.all;
entity Sys_Usr_Control is
port(Sys_Usr_Ctrl:out std_logic_vector(17 downto 0));
end Sys_Usr_Control;
architecture Sys_Usr_Control of Sys_Usr_Control is
begin
Sys_Usr_Ctrl<="000000000000000000"; /*Sys_Usr_Ctrl Register*/
end Sys_Usr_Control;
```

Yukarıdaki kodda yer alan Sys_Usr_Ctrl adındaki 18 bit uzunluğundaki kaydedicideki her bir bit ALU'da icra edilen bir işleme karşılık gelmektedir. Bu kaydedicideki herhangi bir bitin veya bitlerin "0" yapılması, bitle ilişkilendirilmiş işlemin sistemin ALU'su tarafından yapılacağını; "1" olması halinde ise ilgili işlemin kullanıcı tanımlı ALU tarafından yapılacağını bildirir. Bu kaydedicideki her bir bite karşılık düşen işlem tablosu Tablo 4.1'de verilmiş olup kullanıcının sistemin ALU'su tarafından icra edilen işlem tablosu haricinde herhangi bir işlem tanımlamasına müsaade edilmemektedir. İkinci alt birim ise, ALU_Interface birimidir. Bu birim Sys_Usr_Ctrl birimindeki kaydedicinin bitlerinin durumuna göre icra edilmek istenen işlemin sistem veya kullanıcı tanımlı ALU tarafından yaptırılmasını sağlayan gerekli kontrol sinyallerini üretir. Üçüncü alt birim ise sistemin kendi ALU birimi olup bölme ve çarpma işlemleri hariç aritmetik işlemlerin yapıldığı aritmetik birim, mantıksal işlem birimi, bölme işlem birimi ve çarpma işlem birimi olmak üzere dört birimden oluşmaktadır. Şekil 4.3 sistemin kendi ALU birimine ait blok diyagramı göstermekte olup Tablo 4.1'de belirtilen 18 adet işlemi yerine getirmektedir. Son alt birim kullanıcının kendi tasarladığı ALU birimini entegre edebileceği Usr_Defined_ALU birimidir. Kullanıcı kendi tasarladığı birimi bu bölüme entegre ederek ve Sys_Usr_Ctrl birimindeki ilgili bitleri "1" konumuna getirerek tasarladığı birimin çalışmasını tüm sistem üzerinde gözlemleyebilir.

Tablo 4.1. Karar biriminde yer alan kaydedicideki her bite karşılık düşen işlem tablosu

İlgili bit	İşlem
1 inci bit(En düşük anlamlı bit)	AC←AC+DR
2 nci bit	AC←AC+DR+C
3 ncü bit	AC←AC-DR-1
4 ncü bit	AC←AC-DR
5 nci bit	AC←DR
6 ncı bit	AC←DR+1
7 nci bit	AC←AC+1
8 inci bit	AC←DR-1
9 uncu bit	AC←AC-1
10 uncu bit	AC←AC $\wedge$ DR
11 inci bit	AC←AC $\vee$ DR
12 nci bit	AC←AC $\oplus$ DR
13 üncü bit	AC← $\overline{AC}$
14 üncü bit	AC← $\overline{DR}$
15 inci bit	AC←Shifted(Right)AC
16 ncı bit	Out←Shifted(Left) AC
17 nci bit	AC←AC*DR
18 inci bit(En yüksek anlamlı bit)	AC←AC÷DR

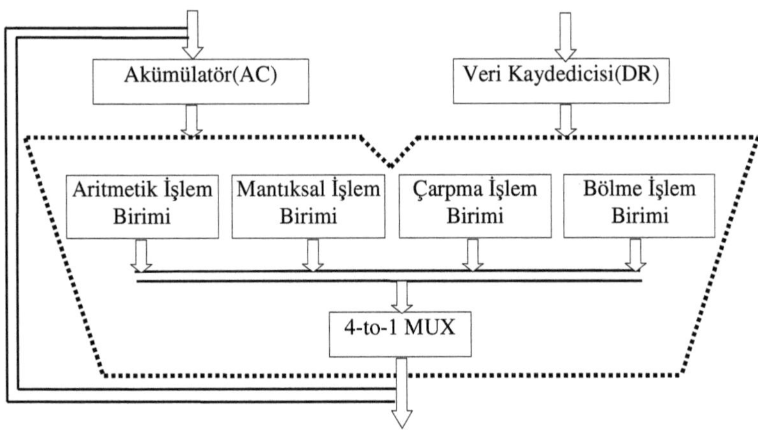

Şekil 4.3. Sistem tanımlı ALU blok diyagramı

Kullanıcının mevcut aritmetik ve mantık ünitesine kendine özgü tasarımını ekleyebilmesi için yapması gereken adımlar şunlardır:

Adım–1: Kullanıcı kendisine özgü oluşturacağı aritmetik ve mantık ünitesi için sistemin icra ettiği ve Tablo 4.1'de yer alan işlem tablosundan işlem veya işlemleri seçmelidir.

Adım–2: Seçilen işlem veya işlemler için tasarımını donanımsal veya yazılımsal tabanlı oluşturarak blok diyagram haline getirilmelidir. Oluşturulan kullanıcı tabanlı ALU ünitesinin boyutu bu birimin girişlerini oluşturan akümülatör ve veri kaydedicisinin boyutuyla aynı olmalıdır. Eğer oluşturulan birimin boyutu sistemin girişleri ile aynı boyutta değilse modülerlik özelliğin ikinci yansıması olan sisteme müdahil olarak sistemin boyutunda değişikliğe gidilmelidir.

Adım–3: Seçilen işlemlerin Şekil 4.2'de yer alan Sys_Usr_Ctrl birimindeki 18 bitlik kaydedicideki gerekli bitler Tablo 4.1 yardımıyla lojik 1 yapılmalıdır. Örneğin, kullanıcı mantıksal VE ve VEYA işlemlerini seçmiş ise ilgili kaydedicinin 10 ve 11. bitleri lojik 1 yapılmalıdır.

Adım–4: Adım-2'de oluşturulan kullanıcı tabanlı blok diyagram Şekil 4.2'deki kullanıcı tabanlı tasarımlar için oluşturulan User_Defined_ALU soketine bağlantısı yapılmalıdır. Sistemin akümülatör ve veri kaydedicisi çıkışları oluşturulan birimin girişlerine bağlantısı yapılarak birimin çıkışı ise Sys_ALUOUT[x..0] isimli çıkışa bağlantısı yapılamalıdır. Kullanıcının tasarladığı işlem sayısına bağlı olarak kullanacağı seçim uçları olan Usr_S[0], Usr_S[1], Usr_S[2], Usr_S[3] bağlantılarından gerekli olanları sırasıyla tasarımına entegre etmelidir. Örneğin 3 adet işlem icra edebilen bir tasarım için Usr_S[0], Usr_S[1] bağlantılarının yapılması yeterlidir.

Modülerlik özelliğin ikinci yansıması olan kullanıcının sisteme müdahil olarak sistemdeki birimlerin boyutlarını değiştirebilmesine olanak sağlamasıdır. Bu yansımanın aritmetik ve mantıksal işlem ünitesindeki birimlere uygulanması alt başlıklar halinde aşağıda verilmiştir.

4.1.1.1. Aritmetik işlem birimi

Modüler yaklaşım kullanılarak n-bitlik aritmetik birimi tasarlamak sadece iki adımdan oluşmaktadır. Birinci adımda bir bitlik aritmetik birimde icra edilecek aritmetik işlemlerin sayısını belirlemektir. İşlem sayısı, kullanılacak olan seçicinin yapısını belirleyecektir. Sistemin ALU biriminde yerine getirilen aritmetik işlemler Tablo 4.2'de verilmiştir. Tablodaki işlemleri yerine getirecek olan bir bitlik aritmetik birim, 2 adet 8x1 Mux ve 1 adet tam toplayıcıdan oluşmaktadır. Bu birimin blok diyagramı ve içyapısı Şekil 4.4 ve Şekil 4.5'de görülmektedir.

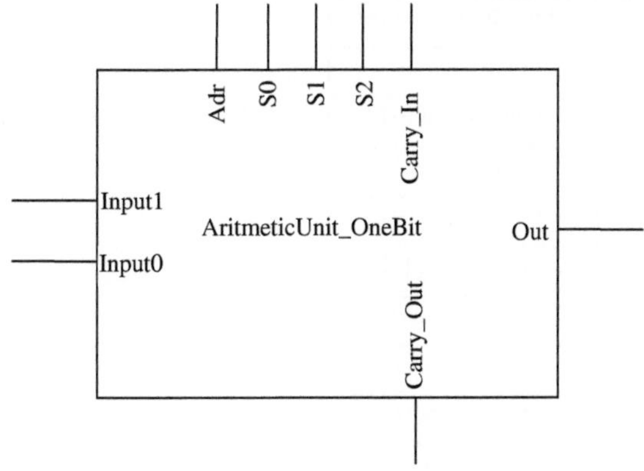

Şekil 4.4. 1-bit aritmetik işlem birimi blok diyagramı

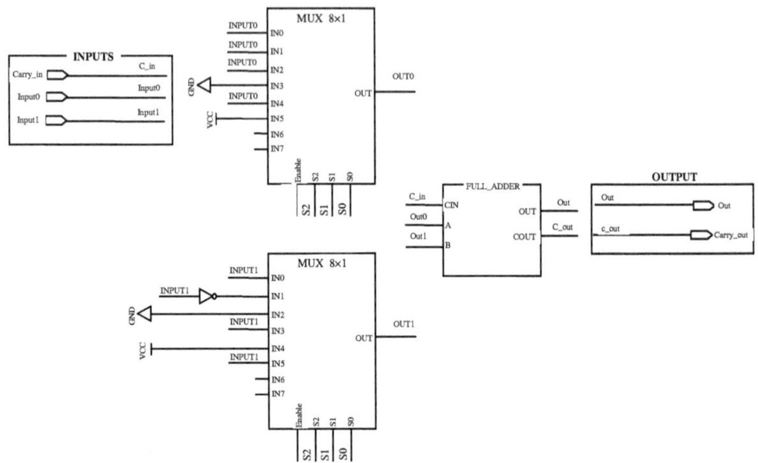

Şekil 4.5. 1-bit aritmetik işlem biriminin iç yapısı

Tablo 4.2. Sistem tanımlı aritmetik birimde yerine getirilen işlem tablosu

S2	S1	S0	Carry_In	İşlem
0	0	0	0	Out←Input0+Input1
0	0	0	1	Out←Input0+Input1+1
0	0	1	0	Out←Input0-Input1–1
0	0	1	1	Out←Input0-Input1
0	1	0	0	Out←Input0
0	1	0	1	Out←Input0+1
0	1	1	0	Out←Input1
0	1	1	1	Out←Input1+1
1	0	0	0	Out←Input0–1
1	0	0	1	Out←Input0
1	0	1	0	Out←Input1–1
1	0	1	1	Out←Input1
1	1	x	x	Rezerve alan

Input0: Akümülatör çıkışını, Input1: Veri kaydedicisi çıkışını temsil etmektedir.

İkinci adım ise, oluşturulmak istenen aritmetik işlem biriminin boyutuna karar vermektir. Birinci adımda meydana getirilen 1-bit aritmetik işlem birim blokları Şekil 4.6'daki kaskat yapıda bağlanır. Şekilden de görüleceği üzere aritmetik işlem biriminin boyutunu değiştirilmek istendiğinde mevcut yapıya eldeki 1-bit aritmetik işlem bloklarından eklemek veya mevcut yapıdan istenildiği kadar 1-bit işlem bloklarından çıkarmak suretiyle yapılır.

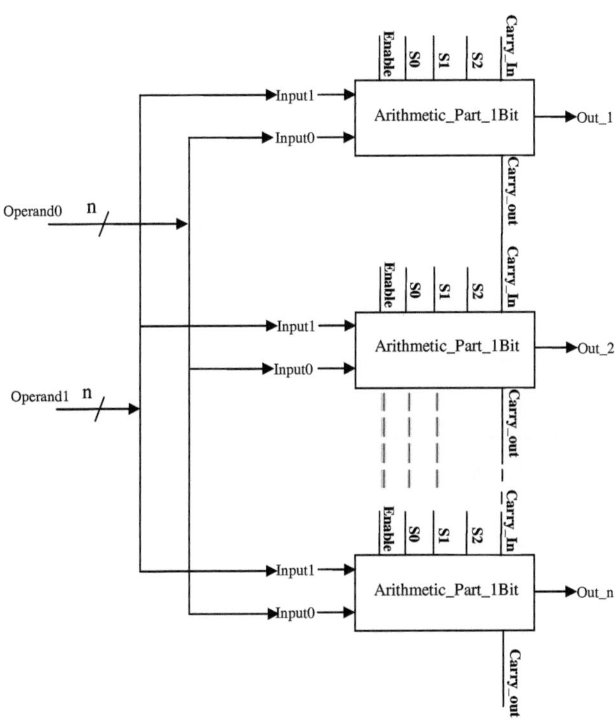

Şekil 4.6. n-bit boyutlu aritmetik işlem biriminin oluşturulması

4.1.1.2. Mantıksal işlem birimi

Sistem tanımlı ALU birimindeki mantıksal işlem birimine modülerlik özelliği katılarak boyutunda istenen değişikliğe gidilmesi mümkündür. Bu değişiklik n-bit boyutundaki aritmetik işlem birimi oluşturulmasında olduğu gibi iki adıma ihtiyaç vardır. İlk adımda mantıksal işlem biriminde yerine getirilecek olan işlemlerin sayısını belirlemektir. Sistem tanımlı ALU biriminde icra edilen mantıksal işlemler Tablo 4.3'de verilmiştir. Bir bitlik mantıksal işlem biriminin blok diyagramı ve iç yapısı sırasıyla Şekil 4.7 ve 4.8'de görülmektedir.

Tablo 4.3. Sistem tanımlı lojik birimde yerine getirilen işlem tablosu

S2	S1	S0	İşlem
0	0	0	Out←Input0 $\wedge$ Input1
0	0	1	Out←Input0 $\vee$ Input1
0	1	0	Out←Input0 $\oplus$Input1
0	1	1	Out← $\overline{\text{Input0}}$
1	0	0	Out← $\overline{\text{Input1}}$
1	0	1	Out←Shifted(Right) Out
1	1	0	Out←Shifted(Left) Out
1	1	1	Rezerve Alan

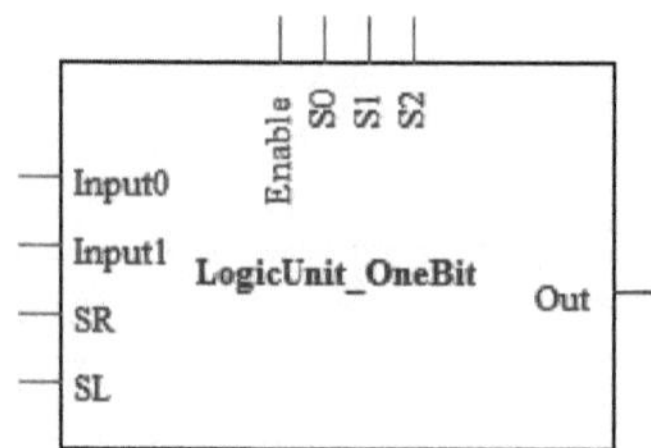

Şekil 4.7. 1-bit mantıksal işlem birimi blok diyagramı

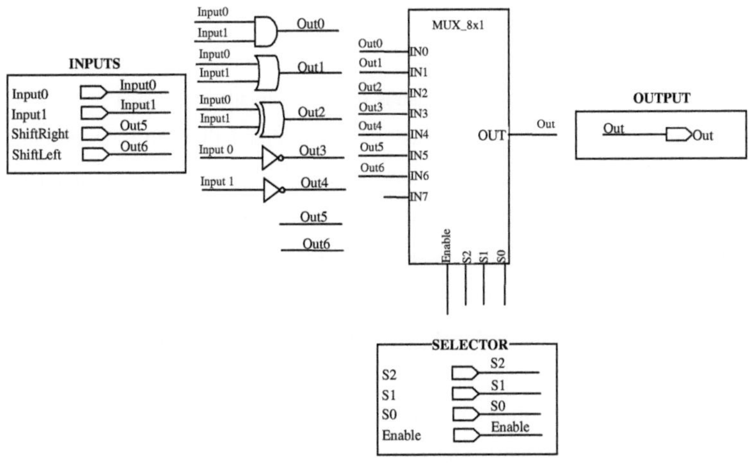

Şekil 4.8. 1-bit mantıksal işlem biriminin iç yapısı

Son adımda ise mantıksal işlem biriminin boyutuna karar vermektir. n-bit boyutundaki bir mantıksal işlem birimini Şekil 4.9'daki gibi kaskat yapıda bağlayarak sistemin istenilen boyutta mantıksal işlem birimi oluşturulabilir.

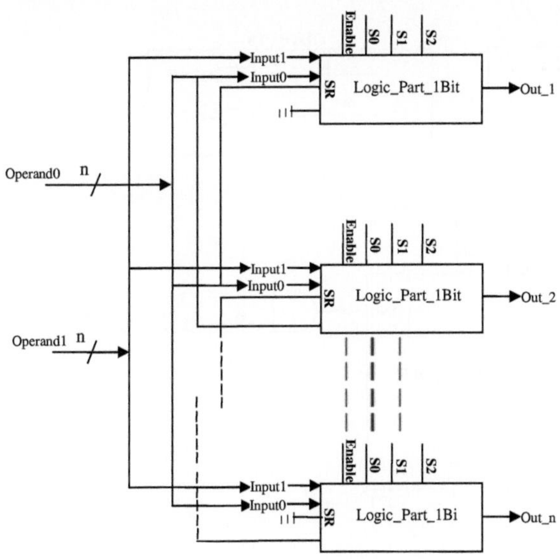

Şekil 4.9. n-bit mantıksal işlem birimi blok diyagramı

4.1.1.3. Çarpma işlem birimi

Modüler özelliğin diğer birimlere sağlamış olduğu avantajların yanında performans bakımından da artı değer kattığı bir işlem birimidir. Modülerliğin bu işlem birimine getirmiş olduğu paralellik özelliği sayesinde yüksek lisans tez çalışmasında tasarlanan bilgisayar mimarisindeki ALU biriminin çarpma işlemi için harcanan sürede azalma meydana gelmiştir. n-bitlik iki adet sayıyı çarpabilmek için n × bir saat çevrimi kadar zamana ihtiyaç duyan ALU birimi paralellik özelliği [57] sayesinde çarpma işlemini 1 saat çevrimi kadar bir sürede yapabilmektedir. Paralellik özelliği kullanılarak oluşturulan çarpma işlem biriminde kullanılan temel eleman, bir adet tam toplayıcı ve 2 girişli bir AND kapısından oluşan "One-bit block" isimli yapıdır. Bu elemanın blok diyagramı Şekil 4.10'da görülmektedir. n-bit boyutundaki bir çarpma işlem birimi meydana getirebilmek için n^2 adet "One-bit block" ismindeki blokları ve n–1 adet tam toplayıcı devreyi Şekil 4.11'deki gibi kaskat yapıda birbirine bağlamak gerekir. n bitlik çarpan(A) ve çarpılan(B) kaydedicisi bu yapıya giriş olarak verilirken 2n bitlik çarpım(Out) kaydedicisi bu yapının çıkışını oluşturmaktadır.

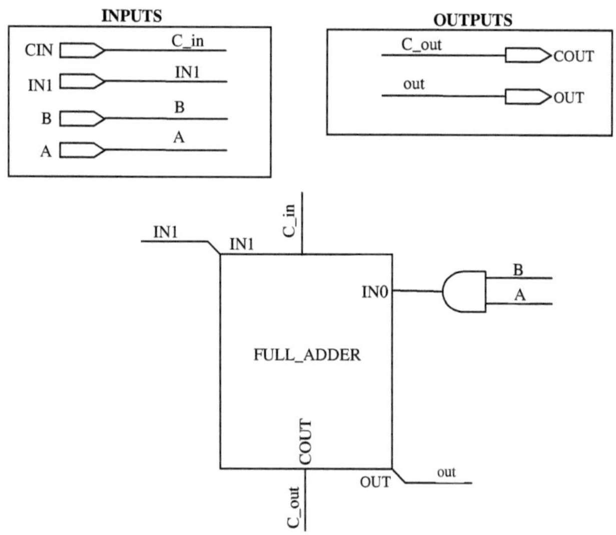

Şekil 4.10. "One-bit Block" isimli elemanın blok diyagramı

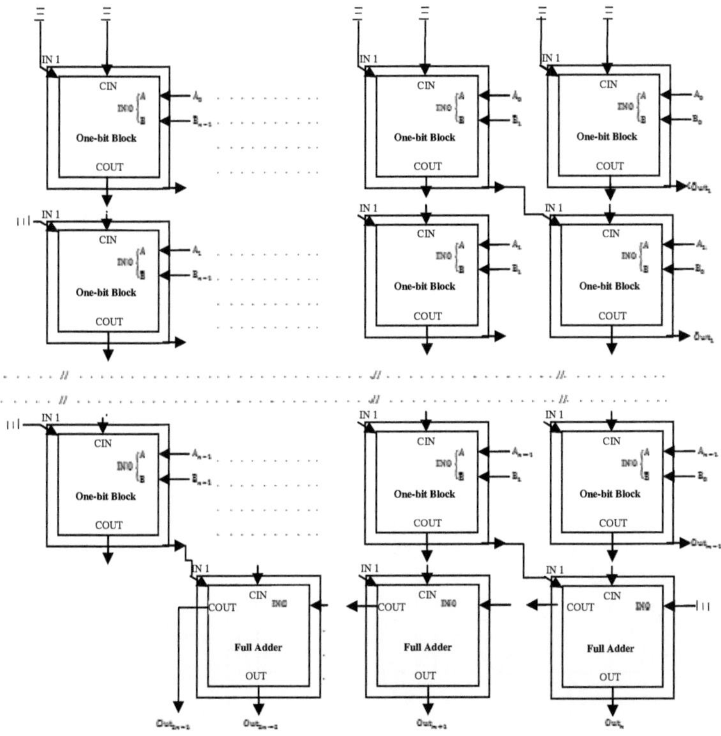

Şekil 4.11. n-bit boyutundaki çarpma işlem biriminin kaskat yapıda bağlanması

4.1.1.3. Bölme işlem birimi

Modülerlik özelliğin performans bakımından artı değer kattığı diğer birim ise bölme işlem birimidir. Bu birimin oluşturulmasında bir adet tam toplayıcı ve 2 girişli XOR kapısından oluşan temel eleman kullanılmaktadır. n-bit boyutundaki bir bölme işlem birimini meydana getirebilmek için bu temel elemanlardan (n+1)×(n+1) adetini Şekil 4.12'deki gibi kaskat yapıda bağlanmalıdır.

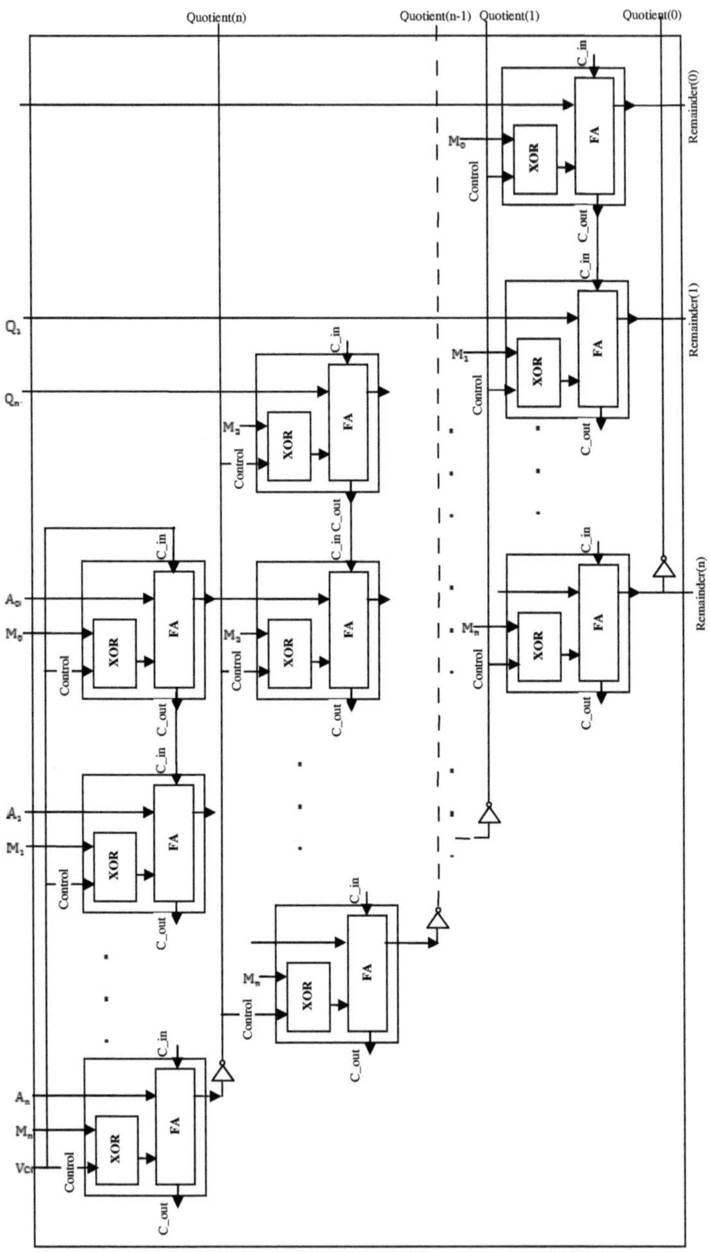

Şekil 4.12. n-bit boyutundaki bölme işlem biriminin kaskat yapıda bağlanması

Bölme işlem birimine n-bit boyutundaki bölünen(Q) kaydedicisi, (n+1)-bit boyutundaki bölen(M, en anlamlı biti her zaman 0) kaydedicisi ve kalan(A, başlangıçta bütün bitleri 0) bilgisini tutan kaydedicileri tarafından giriş verileri aktarılır. (n+1)-bit boyutundaki bölüm(Quotient) bilgisini tutan kaydedici ve n-bit boyutundaki kalan(Remainder_out) bilgisini tutan kaydedicilerde ise bölme işlem biriminden gelen çıkış verileri saklanmaktadır. Bu birimin temel elemanı, "Control" girişinin durumuna göre toplama veya çıkarma işlemi yapan bir tam toplayıcı(F.A) devredir. "Control" girişi lojik 1 olması durumunda çıkarma işlemini, lojik 0 olması durumunda toplama işlemi yapılmaktadır. Bu kontrol sinyali bölünen değerden böleni çıkarmak veya kalan değere böleni eklemek için kullanılan bir sinyaldir. Başlangıçta bu kontrol sinyali lojik 1 olup kaskat yapının üst kısmında çıkarma işlemi yapılmaktadır.

4.1.2. Modüler bellek tasarımı

Tasarlanan mikro bilgisayar mimarisi 64KB kapasitesinde ana belleğe sahiptir. Modülerlik özelliğin sağlamış olduğu avantajlardan ilki olan kullanıcı tabanlı tasarımların sisteme entegre edilebilmesi özelliği bu birime de kazandırılmıştır. Bu yapı Memory_Interface, Sys_Mem ve Usr_Mem olmak üzere üç ana bölümden oluşmaktadır. Kullanıcı tabanlı bellek tasarımı bu yapıda Usr_Mem isimli sokete bağlanırken, sistemin kendi bellek birimi ise Sys_Mem isimli sokette yer almaktadır. Memory_Interface birimi kullanıcı ve sistem tabanlı bellek birimleri arasındaki koordinasyonu sağlayan bir birim olup, bu birime giriş olarak verilen Sys_Usr_Mem_Ctrl sinyalinin durumuna göre çalışmaktadır. Bu sinyal lojik 1 olması durumunda kullanıcı tabanlı bellek birimi sistemin ana belleği olarak görev yapar aksi halde sistem kendi belleğini kullanmaya devam edecektir. Bu yapı Şekil 4.13'de gösterilmiştir.

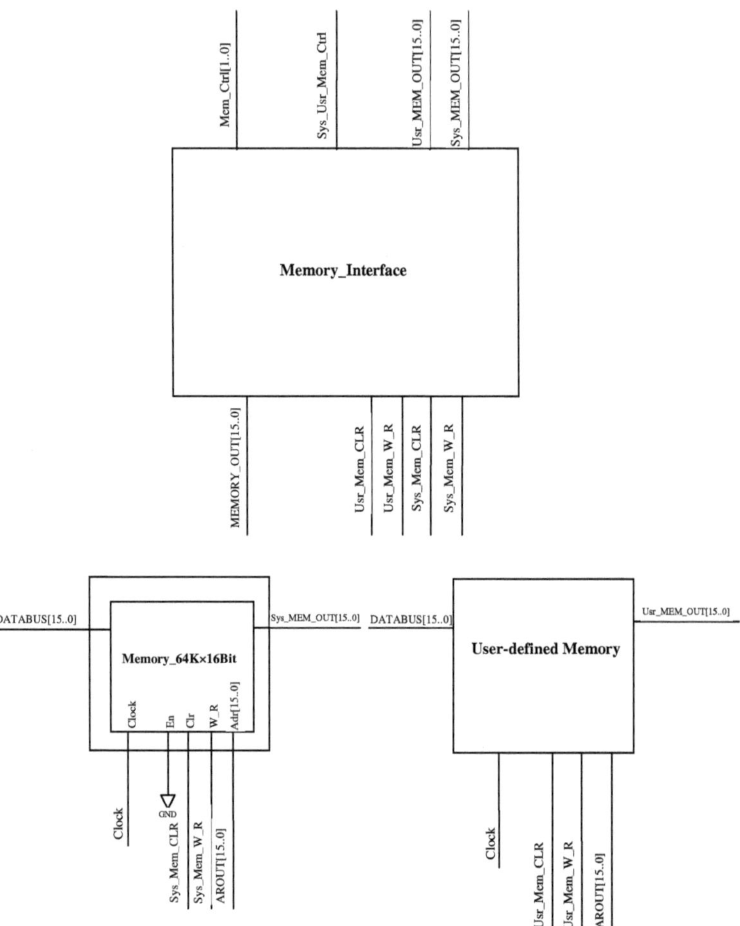

Şekil 4.13. Sistem ve kullanıcı tanımlı bellek modülerinin entegre edildiği arayüz

Modülerlik özelliğinin ikinci yansıması ise kullanıcının mevcut sistem üzerindeki bileşenlerin boyutunu kolaylıkla düzenleyebilmesine olanak sağlamasıdır. Herhangi bir boyuttaki bellek tasarımı yapabilmek için iki metot geliştirilmiştir. Bunlardan birincisi üç aşamadan oluşan modüler bellek tasarımının elde edilmesidir. Bu aşamalardan birincisinde 1 bitlik bellek hücresinin tasarlanması işleminin gerçeklenmesidir. 1 bitlik bellek hücresinin sahip olduğu kontrol girişleri;

Adr; bir adres hattını

W_R; bellek hücresini okuma veya yazma için aktif etme sinyali

D; bellek hücresinin veri girişini

Clr; bellek hücresinin temizleme girişini

Clock; bellek hücresinin saat girişini

Q; bellek hücresinin çıkışını ifade eder.

Bir bitlik bellek hücresinin blok diyagramı ve içyapısı Şekil 4.14'de verilmiştir.

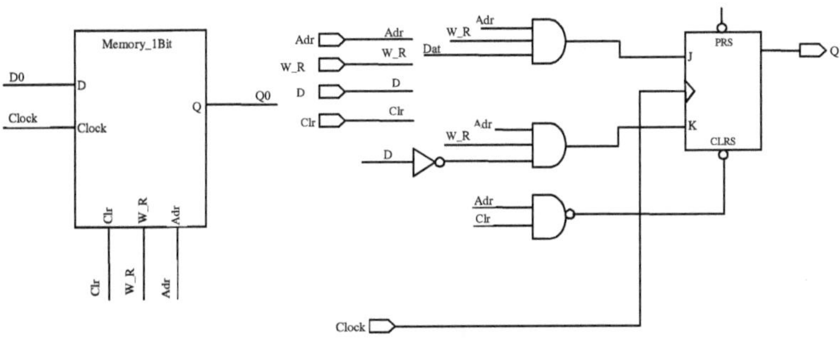

Şekil 4.14. 1-bit bellek hücresinin blok diyagramı ve iç yapısı

İkinci aşama ise, bir bellek kelimesinin kaç bitten oluşacağına karar vermektir. n-bit boyutundaki bellek kelimesinin blok diyagramı ve iç yapısı sırasıyla Şekil 4.15 ve 4.16'da görülmektedir.

Son aşamada ise bir önceki aşamada elde edilen ve Şekil 4.15'de görülen n-bitlik bellek kelimesi bloklarından 2 adet, 1×2 yapıdaki kod çözücüden bir adet ve 2×1 yapıdaki seçicilerden n tanesi Şekil 4.17'de gösterilen şekilde bağlantısı yapılmalıdır. Böylelikle bir önceki aşamada gerçekleştirilen bellek kelimesinin iki katı büyüklüğünde bir bellek birimi elde edilmiş olur. Elde edilen bu yapı blok haline getirildikten sonra bu aşamada gerçekleştirilen işlemler istenilen bellek boyutu elde edilinceye kadar devam edilir. Adres bitlerinin en anlamlı biti kod çözücünün ve seçicilerin seçim uçlarına bağlanması dikkat edilmesi gereken bir noktadır. Farklı bellek boyutlarının elde edilebilmesi için gereken elemanların sayısını gösteren bir tablo Tablo 4.4'de verilmiştir.

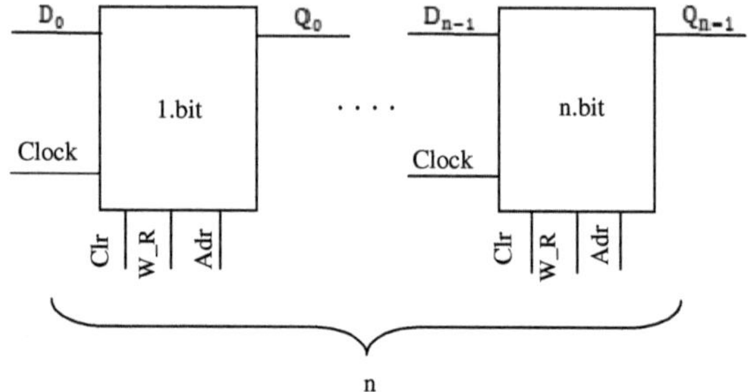

Şekil 4.15. n-bit bellek kelimesinin iç yapısı

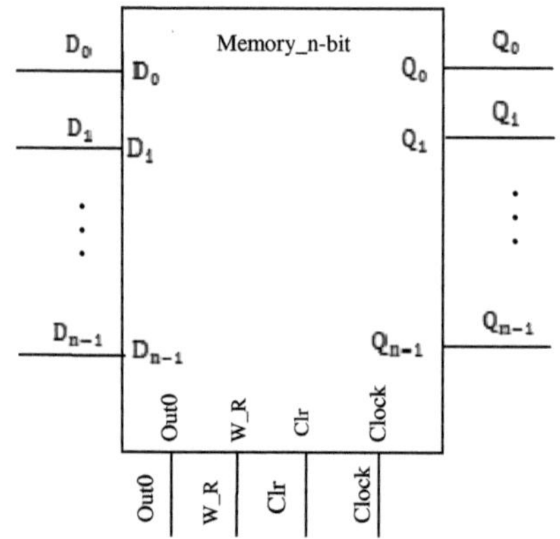

Şekil 4.16. n-bit bellek kelimesinin blok diyagramı

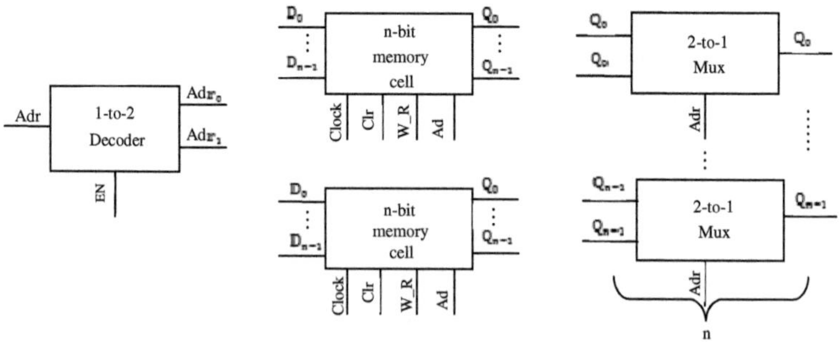

Şekil 4.17. 2n-bit boyutundaki bellek kelimesinin bağlantı şekli

Tablo 4.4. Farklı boyutlardaki bellek tasarımı için gereken ihtiyaç tablosu

Bellek Boyutu	1x2 Decoder	Bellek Elemanı	2x1 Mux
2xn-bit	1 adet	1xn-bit block(2 adet)	n adet
4xn-bit	1 adet	2xn-bit block(2 adet)	n adet
8xn-bit	1 adet	4xn-bit block(2 adet)	n adet
16xn-bit	1 adet	8xn-bit block(2 adet)	n adet
• • •	• • •	• • •	• • •

Üç aşamadan oluşan bellek tasarlama yöntemlerinden ilkinde üçüncü aşamada yapılan işlemlerin istenilen bellek boyutu elde edilinceye kadar tekrar etmesi prensibine dayanmaktadır. Bir diğer bellek tasarım yöntemi ise sadece elimizde var olan bellek bloğunu kullanarak hedeflenen bellek bloğunu elde etmektir. Elimizdeki bellek bloğu bilindiğine göre bu tasarımın yapılabilmesi için kullanılacak olan kod çözücü ve seçici yapısının belirlenmesi gerekir. k × n boyutundaki bir belleği elde edebilmek için aşağıdaki denklemler kullanılır:

- $\log_2 \frac{k}{m} to \frac{k}{m}$ yapısında bir kod çözücü (1 adet)

- m×n-bit bellek hücresi bloğu($\frac{k}{m}$ adet)

- $\frac{k}{m}$ to 1 yapısında bir seçici (n adet)

Burada m=$\left\{\frac{k}{2},\frac{k}{4},\frac{k}{8}......1\right\}$ olup, elimizdeki mevcut belleğin satır sayısını ifade etmektedir. Örneğin, 128×8-bit boyutundaki bir belleği 2×8-bit bellek blokları ile tasarlayalım(k=128; n=8; m=2). Yukarıdaki denklemlere göre, 1 adet 6x64 kod çözücü, 64 adet 2×8-bit bellek bloğu ve 8 adet 64×1 seçici gerekmektedir. Buradaki kod çözücü ve seçici yapılarını, modüler yaklaşım özelliğini sistemdeki mevcut kod çözücü ve seçicilere uygulayarak elde edilebilir.

4.1.3. Modüler kaydedici tasarımı

Kaydedici tasarımına diğer birimlerde olduğu gibi modülerlik özelliği katılarak kullanıcı tanımlı kaydedicilerin sisteme entegre edilmesi veya sistem tanımlı kaydedicilerin boyutunun rahatlıkla değiştirilebilmesi sağlanabilir. Kullanıcının kendine özgü tasarlamış olduğu bir kaydedici birimini, sistemde var olan bir kaydedicinin yerine sistemin işleyişini aksatmadan ilave edilebilmesi modülerlik özelliğinin getirmiş olduğu avantajlardan bir tanesidir. Kullanıcı tabanlı kaydedici tasarımlarının entegre edilebileceği yapı Şekil 4.18 ve Şekil 4.19'da görülmektedir. Bu yapıda tasarlanan mikro bilgisayar mimarisinde mevcut olan Program Sayıcı(PC), Akümülatör(AC), Adres Kaydedici(AR), Komut Kaydedici(IR), Data Kaydedici(DR), Indeks Kaydedici(IX), Yığın İsaretçisi(SP) ve Geçici Kaydedici(TR) olmak üzere 8 adet sistem tanımlı kaydedicilerinin yerine kullanıcı tanımlı kaydedicilerin entegre edilebileceği "User-defined Register" isimli bir arayüz bulunmaktadır. Ayrıca bu yapıda sistem ve kullanıcı tanımlı kaydediciler arasındaki kontrolü sağlayan "Register_Interface" ve bu arayüze gerekli kontrol işaretlerini ileten "Sys_Usr_Reg_Ctrl" adlı iki arayüz daha bulunmaktadır. "Sys_Usr_Reg_Ctrl" ara yüz biriminde bulunan 8 bitlik bir kaydedicideki her bir bit, Tablo 4.5'de verilen sistem tanımlı kaydedicilerin her birine karşılık gelmektedir. Bu kaydedicideki bir bitin lojik 0 olması, mikroişlemci biriminin ilgili sistem tanımlı kaydediciyi kullanacağını; lojik 1 olması durumunda ise kullanıcı tanımlı kaydedici üzerinde işlerini yürüteceği anlamı taşımaktadır.

Tablo 4.5. Sys_Usr_Reg_Ctrl birimindeki kaydedicideki her bir bite karşılık düşen kaydediciler

İlgili bit	Kaydedici	İlgili bit	Kaydedici
1.bit(LSB)	PC	5.bit	DR
2.bit	AC	6.bit	IX
3.bit	AR	7.bit	SP
4.bit	IR	8.bit(MSB)	TR

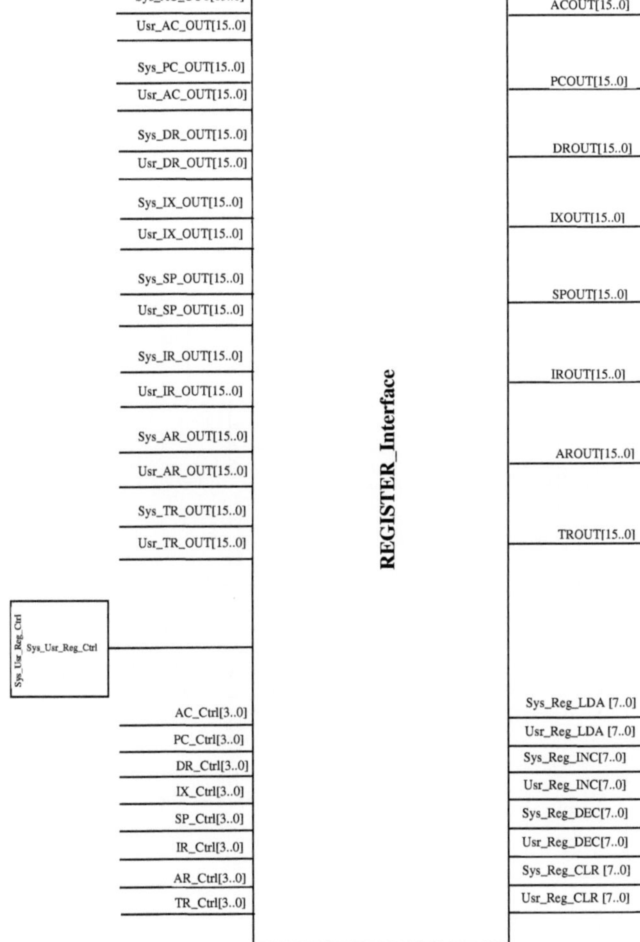

Şekil 4.18. Sistem ve kullanıcı tanımlı kaydedicileri entegre etme(I. Kısım)

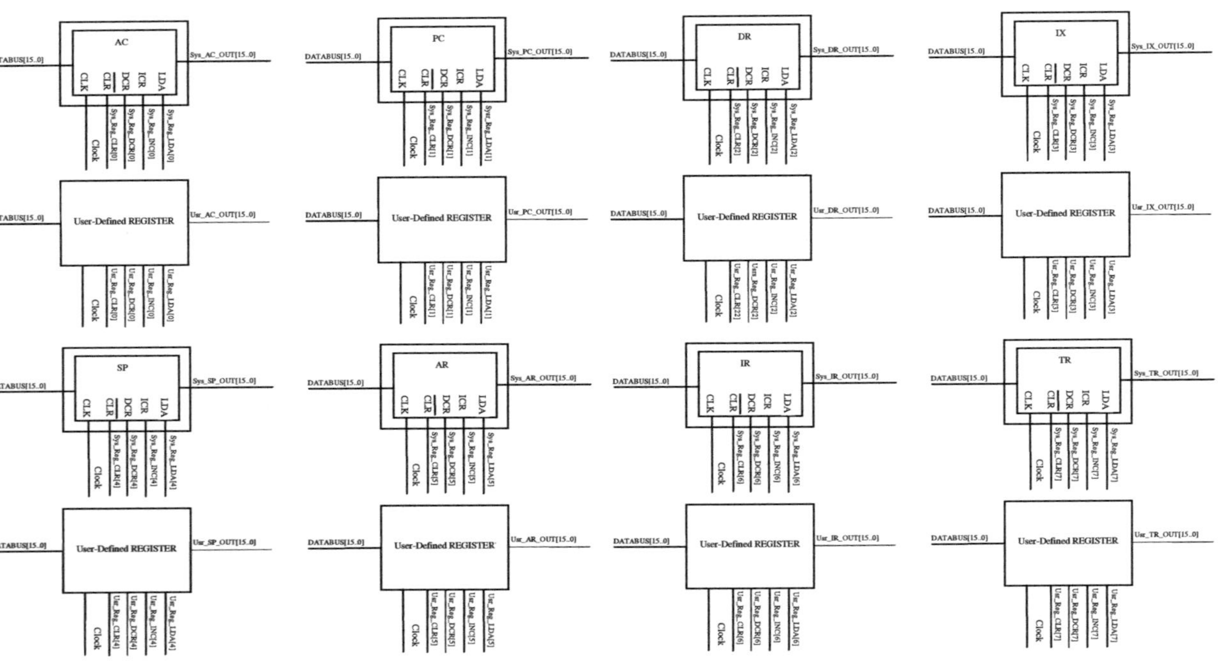

Şekil 4.19. Sistem ve kullanıcı tanımlı kaydedicileri entegre etme(II. kısım)

Sistem tanımlı kaydedicilerinin boyutunun kolaylıkla değiştirebilmesi modülerliğin getirmiş olduğu avantajlardan ikincisidir. Sistem tanımlı kaydedicileri modüler yapıda tasarlayabilmek için yapılması gereken ilk aşama, 1 bitlik bir kaydedicinin sahip olması gereken kontrol girişlerini belirlemektir. Bu çalışmada tasarlanan mikro bilgisayar mimarisinde her bir kaydedici "Load", "Increment", "Decrement" ve "Clear" kontrol girişlerine sahiptir. Bir bitlik bir kaydedicinin blok şeması Şekil 4.20'de görülmektedir. İstenilen boyutta bir kaydedici tasarlama işleminde yapılaması gereken ikinci aşama ise tasarlanmak istenen kaydedicinin kaç bitlik olacağına karar vermektir. n-bit boyutundaki bir kaydedici için n adet 1 bitlik kaydedici bloğuna ihtiyaç vardır. n adet bir bitlik kaydedici bloklarını birbirlerine entegre ederken dikkat edilmesi gereken kurallar vardır. Bu kurallar Decrement ve Increment isimli kontrol girişleri için geçerlidir.

"Decrement(Dec)" kontrol girişi bağlantısı yapılırken dikkat edilmesi gereken kurallar:

- n-bit boyutundaki bir kaydedicinin en düşük anlamlı bit bloğunun "Dec" girişine kaydedicinin "Dec" kontrol girişi bağlanmalıdır.
- Bundan sonraki bit bloklarının "Dec" girişine ise bir önceki bit bloğunun çıkışını tümleyeni ile kaydedicinin "Dec" kontrol girişi bir AND kapısından geçirildikten sonra bağlanmalıdır.

"Increment(Inc)" kontrol girişi için ise;

- Kaydedicinin en düşük anlamlı bit bloğunu "Inc" girişine kaydedicinin "Inc" kontrol girişi bağlanmalıdır.
- Bundan sonraki bit bloklarının "Inc" girişine ise bir önceki bit bloğunun çıkışı ile kaydedicinin "Inc" kontrol girişi bir AND kapısından geçirildikten sonra bağlanmalıdır.

şeklinde sıralanır.

Kaydedicinin her bir 1 bit bloğunun "$\overline{Clr}$", "Load" ve "Clock" girişleri ortak olarak bağlanmalıdır. "Data" giriş uçlarına ise veri yolundan gelen n-bit boyutundaki verinin ilgili bitleri bağlanır. Örnek olması açısından Şekil 4.21, üç bitlik kaydedicideki gerekli kontrol sinyalleri bağlantısının nasıl yapılması gerektiğini göstermektedir.

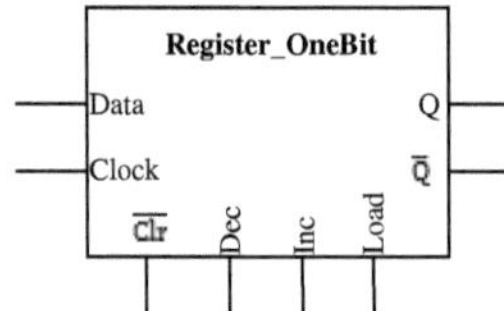

Şekil 4.20. 1-bitlik kaydedici bloğu

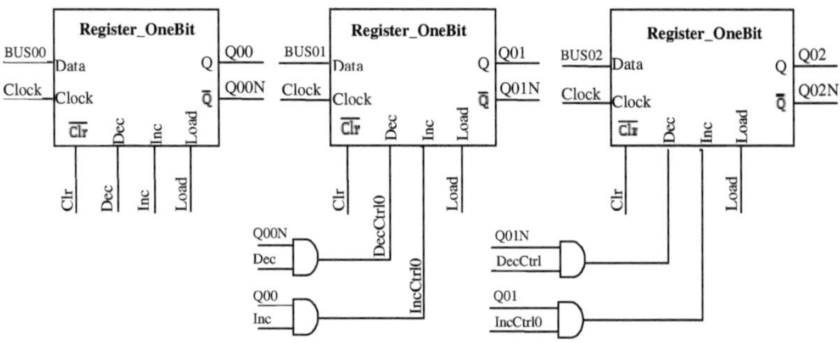

Şekil 4.21. 3-bit boyutundaki bir kaydedicinin kontrol sinyallerinin bağlantı şeması

4.1.4. Modüler adres ve veri yolu tasarımı

Bu çalışmada modülerlik özelliğinin yansıtıldığı son birim adres ve veri yolu olarak kullanılan bus tasarımıdır. Kullanıcı tabanlı bus tasarımının entegre edilebildiği yapı Sys_BUS ve User_Defined_BUS, BUS_Interface ve Sys_Usr_BUS_Ctrl isimli birimlerden oluşmakta ve blok diyagramı Şekil 4.22'de görülmektedir. Sys_BUS birimi sistemin adres ve veri yolu biriminin entegre edildiği birim olup Usr_BUS kullanıcı tabanlı adres ve veri yolu biriminin entegre edildiği birimdir. BUS_Interface, sistem ve kullanıcı tabanlı adres veri yolları arasındaki iletişimi sağlayan kontrol sinyallerini üretir. Sys_Usr_BUS_Ctrl birimi ise 9 bitlik bir kaydediciye sahiptir. Bu kaydedicideki her bir bit yolu kullanan sistemdeki her bir birimi temsil etmektedir. Kaydedicideki ilgili bitin lojik 1 olması sistemdeki o birimin haberleşmesi kullanıcı tabanlı adres ve veri yolu üzerinden gerçekleşeceği anlamı taşımaktadır. Kaydedicinin en düşük anlamlı bitinden başlamak üzere 8 bitin her biri Tablo 4.5'de ifade edildiği gibi, sistemin sahip olduğu 8 adet kaydediciyi 9. bit ise sistemin bellek elemanını temsil etmektedir. Örneğin, Sys_Usr_BUS_Ctrl birimindeki kaydedicinin içeriği "000000101" olması durumunda sistemdeki kullanıcı tanımlı veya sistem tanımlı akümülatör(AC) ve Adres kaydedici(AR) birimleri, Şekil 4.22'deki kullanıcı tanımlı veri yolundaki "Channel0" ve "Channel1" isimli kanallara yönlendirilir.

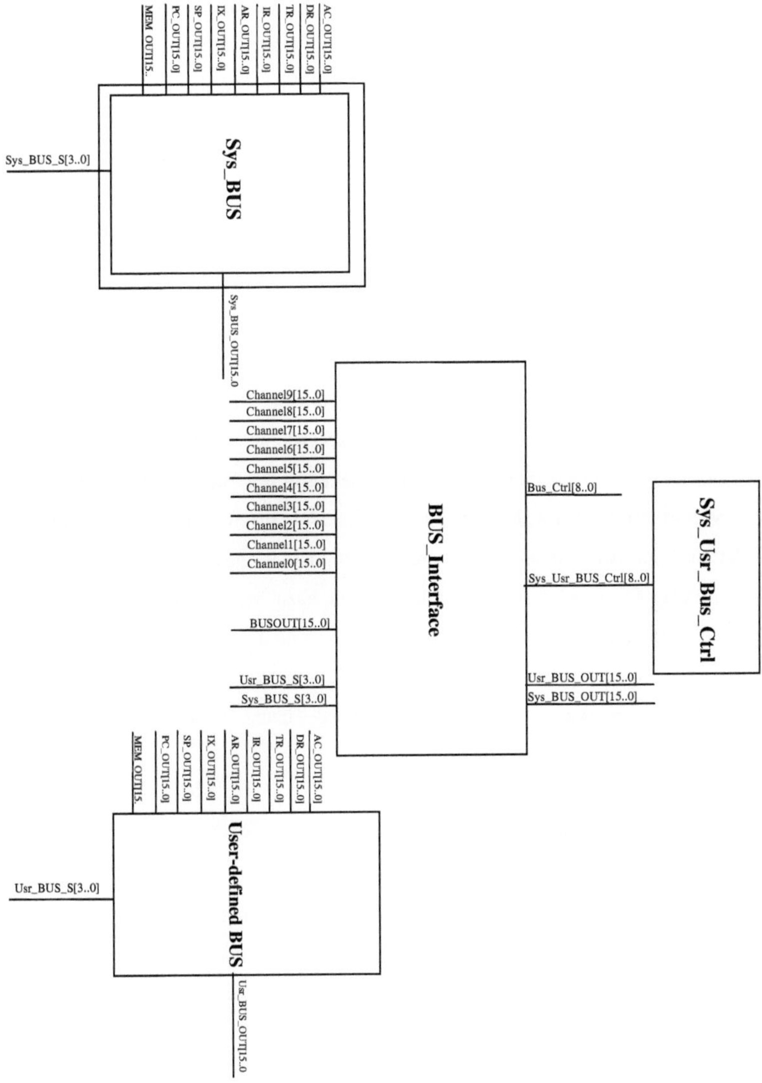

Şekil 4.22. Modüler adres ve veri yolu bağlantı yapısı

4.2. BZK&SAUOS: Gömülü İşletim Sistemi Tasarımı

Bozok ve Sakarya Üniversitelerinin Elektrik-Elektronik ve Bilgisayar Mühendisliği bölümündeki öğretim elemanlarının destekleriyle 110E069 nolu TÜBİTAK proje destek kapsamında tasarlanan eğitimsel amaçlı bir işletim sistemidir. Tasarlanan işletim sisteminin adı BZK&SAUOS(BoZoK&SAkarya University Operating System) dir. Geliştirilen işletim sistemi ilk bölümde anlatılan mikro bilgisayar mimarisi üzerine inşa edilmiştir. Başka bir deyişle geliştirilen işletim sistemi tasarımı özgün bir donanım üzerinde gerçekleştirilmiştir. Bu işletim sisteminin tasarlanmasındaki temel hedef Bilgisayar Mühendisliği ve Bilgisayar bilimleri gibi bölümlerde temel bir ders olan işletim sistemleri dersine yönelik eğitim materyali eksikliğini gidermektir. Bu eğitim materyali ile öğrencilerin özgün sistemler geliştirme noktasında motivasyonlarının artmasına yardımcı olacaktır. İşletim sistemi tasarımında Microsoft'un temel işletim sistemi olan disk işletim sisteminin(DOS) komut satırında kullanılan söz dizimi kullanılmıştır. Referans olarak bu işletim sisteminin seçilmesindeki başlıca sebep, DOS işletim sisteminin yaygın olarak kullanılması ve dolayısıyla eğitim sürecinde eğitimsel materyalin kullanılmasını kolaylaştırmasıdır. Bu çalışmada sunulan işletim sistemi tasarımı ilk bölümde anlatılan bilgisayar mimarisinin assembly komutları ile inşa edilmiş olup, sistemin tamamında FPGA geliştirme kartının sunduğu hazır yapılar kullanılmamıştır. Bu bölümde sıfırdan bir işletim sisteminin tasarımında yapılması gereken işler anlatılmaya çalışılmıştır. Bunları ana bellek organizasyonu, klavye ve ekran kontrolü, dosya sistemi organizasyonu olmak üzere temel olarak 3 grupta toplanabilir.

4.2.1. Ana bellek organizasyonu

Bilgisayar mimarisine modülerlik özelliğinin katıldığı önceki bölümde mimarideki ana bellek biriminin boyutu 64 KB'dır. Bir işletim sisteminde çalışan proseslerin düzgün bir şekilde çalışabilmesi için ana bellek organizasyonunun yapılması gereklidir. Ana belleğin organizasyonu Şekil 4.23'de görülmektedir.

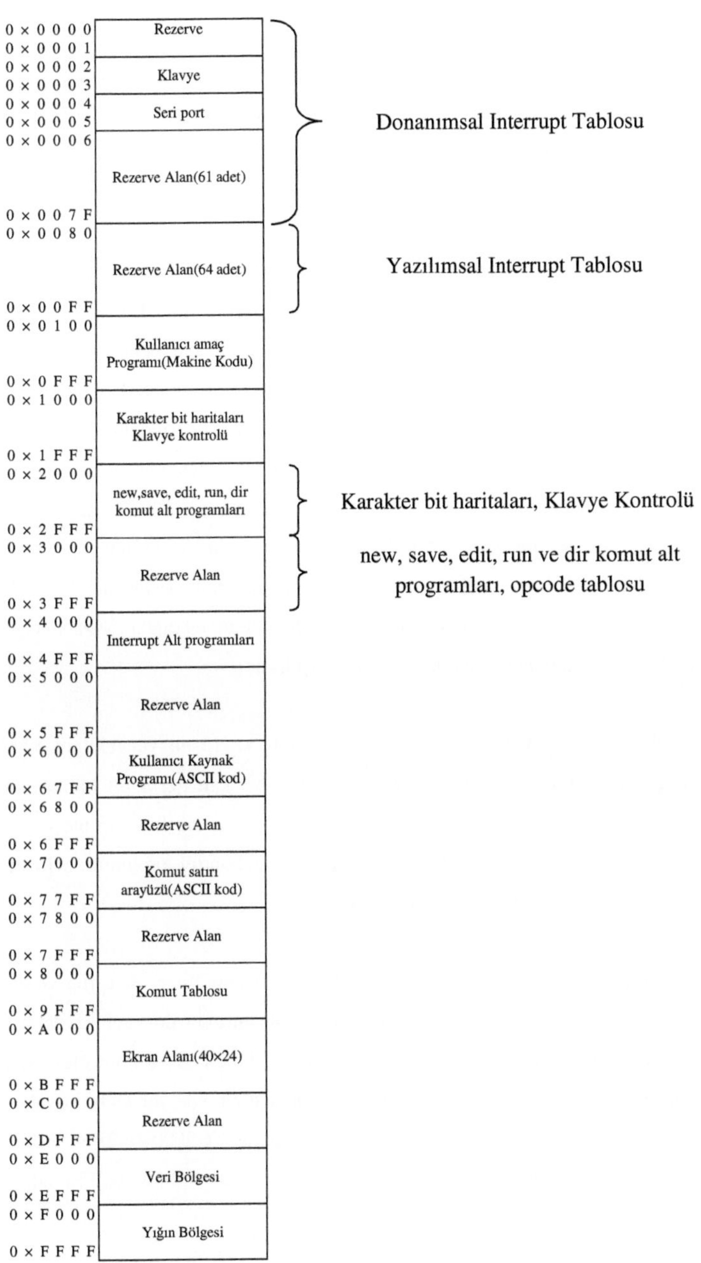

Şekil 4.23. BZK&SAUOS bellek organizasyonu

Bellek organizasyonunda ilk 256 byte'lık kısım donanımsal ve yazılımsal kesme tablolarına ayrılmıştır. Her bir kesme için 2 byte lık bir alan tahsis edilmiş olup bu da kesme tablosundaki 128 adet kesmeye izin verilmesi anlamını taşır. Bu çalışmada şu an itibari ile klavye ve seri port için 2 adet donanımsal kesme kullanılmıştır. 128 adet kapasiteye sahip kesme tablosunun yarısı donanımsal kesmelere diğer yarısı da yazılımsal kesmelere ayrılmıştır.

Kullanıcının ekran ara yüzünde bilgisayar mimarisinin assembly dili ile yazacağı programın derlenmesi sonucunda elde edilen makine kodu için bellekte 0×0100–0×0FFF adres aralığı ayrılmıştır. Bu adres aralığı yaklaşık olarak 4KB'lık bir alana karşılık gelmektedir. İlk bölümde anlatılan bilgisayar mimarisindeki komutların büyük bir çoğunluğunun makine kodu 2 word'den oluştuğu göz önünde bulundurulursa kullanıcının ekran arayüzünde maksimum 2048 satır kod yazabileceği ortaya çıkmaktadır. Ancak bu sayının bellekte kullanıcı kaynak programı ASCII kodlarının saklanması için ayrılan alanın kapasitesine de bağlı olduğu unutulmamalıdır. Başka bir deyişle kullanıcının ekranda yazabileceği program satır sayısı bu bellek alanı ile doğrudan ilişkilidir.

Bu çalışmada kullanılan karakterler 8 bit genişliğinde ve 16 bit yüksekliğindedir. Karakterlerin bit haritaları ve klavyeden basılan her bir karakterin bit haritasının ekrana aktarımı, basılan karakterin ASCII kodunun ilgili alana kaydedilmesi gibi işlemlerin icrası için assembly dilinde yazılan klavye kontrol programı bellekte 0×1000–0×1FFF adres alanını işgal etmektedir.

Bu çalışmada tasarlanan işletim sistemi temel komutları new, save, edit, run ve dir olmak üzere 5 adettir. Yeni bir dosya oluşturma, oluşturulan dosyayı kaydetme, kaydedilmiş dosyayı düzenleme, oluşturulan dosyayı makine koduna dönüştürülerek mimari üzerinde koşturma ve depolama biriminin kök dizininde yer alan dosyaları görüntüleme gibi komutların alt programları bellekte 0×2000–0×2FFF adres aralığında yer almakta olup ilave komut alt programları için 0×3000–0×3FFF adres alanı rezerve edilmiştir.

Tasarlanan işletim sistemi, kullanıcının komut satırında komutlarını yazdığı bir ara yüz ve programlarını oluşturma ve düzenleme işlemlerini yapabildiği diğer bir ara yüz olmak üzere iki ara yüzü desteklemektedir. Komut satırında girilen komutlardaki karakterlerin ASCII kodları belleğin 0×7000–0×7FFF bölgesine kaydedilirken, kullanıcının programlarını yazdığı veya düzenleyebildiği ara yüzde girilen her bir karakter bellekte 0×6000–0×6FFF alanına saklanmaktadır.

Bu çalışmada kullanılan ekran alanı 24 satır×40 sütun genişliğinde olup ekranda tek seferde toplam 960 karakterin görüntülenmesine imkan vermektedir. İster kullanıcı komut satırı modunda olsun ister program yazımı veya düzenleme modunda olsun klavyeden girilen her bir karakterin bir haritası ekran satır ve sütun göstergecinin durumuna bağlı olarak bellekte 0×A000–0×AFFF alanına kaydedilmektedir. Ekran kontrolünü sağlayan donanım tarafından bu bellek alanı bölgesi eğer sistem tarafından bellekte okuma veya yazma işlemi gerçekleşmiyorsa sürekli taranmaktadır.

Kullanıcının oluşturmu olduğu dosyayı makine koduna dönüşümünde kullanacağı opcode tablosu için bellekte 0×8000–0×8FFF bölgesi ayrılırken, 0×4000–0×5FFF adres aralığındaki bellek bölgesi ise belleğin ilk 256 byte'lık kısmında ayrılan kesme tablosundaki donanımsal ve yazılımsal kesme alt programları için ayrılmıştır. Belleğin 8KB'lık son kısmı ise veri bölgesi ve yığın işlemleri için ayrılmıştır.

4.2.2. Dosya tahsis tabloları

Dosya tahsis tablosu, bir disk üzerindeki dosyaların yerleri ve durumları hakkında bilgi içeren bir tablodur. Bu tablonun zarar görmesi durumunda diskteki verilere erişmek mümkün değildir. Bir depolama birimi sektör olarak adlandırılan parçalara bölünmüş olup bu sektörlerin bir kaçının bir araya gelmesiyle de cluster denilen yapılar meydana gelir. Bu çalışmada mimarinin tasarlandığı Altera DE2 FPGA geliştirme kartı üzerinde yer alan 4 MB kapasiteli flash bellek, depolama birimi olarak kullanılmış ve Microsoft'un dosya tahsis tablolarından olan FAT tablosuna benzer bir yapıda organize edilmiştir. Bu depolama birimindeki her bir sektör 512 byte olacak şekilde organize edilmiş ve bunun sonucunda da toplam 8192 sektörden oluşan bir depolama birimi elde edilmiştir. Bellekteki ilk sektör FAT tablolarında olduğu gibi boot sektörüdür. Bu sektör belleğin geri kalan kısımlarının nasıl organize edildiği hakkında bilgi veren kritik bir sektördür. Ayrıca ana bellek organizasyonunda bahsedilen karakter bit haritaları, opcode tablosu, temel işletim sistemi komutları alt programları gibi verilerin depolama biriminden alınarak ana belleğe yükleme işlemi ile ilgili komutlar bu sektörde yer almaktadır. Boot sektörünün detaylı içeriği Tablo 4.6'da görülmektedir.

Tablo 4.6. Boot sektör içeriği

Bytes	İçerik	Açıklama
0–2	JMP 0×0019	Bootstrap koduna dallanma
3–10	BZKOS1.0	OEM adı/sürüm numarası
11–12	0×0200(512)	Her bir sektördeki byte sayısı
13	0×08(8)	Her bir clusterda yer alan sektör sayısı
14–15	0×0001(1)	Rezerve sektörlerin sayısı
16	0×02(2)	FAT tablo kopya sayısı
17–18	0×0220(544)	Kök dizin girdi adedi(Her bir girdi 16 byte)
19–20	0×2000(8192)	Dosya sistemindeki toplam sektör sayısı
21	0×FA(Flash Bellek)	Depolama birim aygıt çeşidi
22–23	0×0008(8)	Her bir FAT tablosundaki sektör sayısı(Her bir FAT girdisi 16 byte)
25–509	0×XX... 0×XX	Bootstrap kodu
510–511	0×55AA	Bootstrap bitiş imzası

FAT tabloları bellekte bulunan dosyaların bulundukları sektörler hakkında bilgi veriri. Boot sektörün 16. byte'ında FAT tablolarının iki adet olacağı belirtilmiştir. Bu tablolar birbirinin kopyası olup FAT1 tablosunda herhangi bir bozulma meydana geldiğinde, tablonun orijinal kopyası olan FAT2 tablosu FAT1 tablosunun yerine kopyalanarak işletim sisteminin dosya organizasyonu sağlıklı bir şekilde yürütmesi sağlanmış olur.

Bu çalışmada tasarlanan dosya sistemi herhangi bir alt dizin içermeyip, bütün dosyalar kök dizinde kaydedilmektedir. Depolama birimindeki kök dizinde her bir dosya girdisi 16 byte uzunluğunda olup toplam 544 adet dosya girdisine izin verilmektedir. İlk 8 byte dosya ismini; 9. byte "." karakterini; 10–12. byte dosya uzantısını ve son dört byte ise FAT tablosundaki dosyanın başlangıç indeksini işaret etmektedir. Dosya ismi 8 byte'lık bir alan ayrıldığından dosya ismi 8 karakterden uzun olmamalıdır. Eğer kullanıcı dosya ismini 8 karakterden kısa verirse kök dizinindeki dosya ismi alanı ASCII tablosundaki boşluk karakteri olan 0×20 verisi ile doldurulur. Veri bölgesi kullanıcı ve işletim sistemi dosyalarının saklandığı alandır. Bu bölgenin ilk üç sektörü işletim sistemine ait temel sistem dosyaları için ayrılmıştır. 4 MB kapasiteli flash belleğin organizasyonu Şekil 4.24'de görülmektedir.

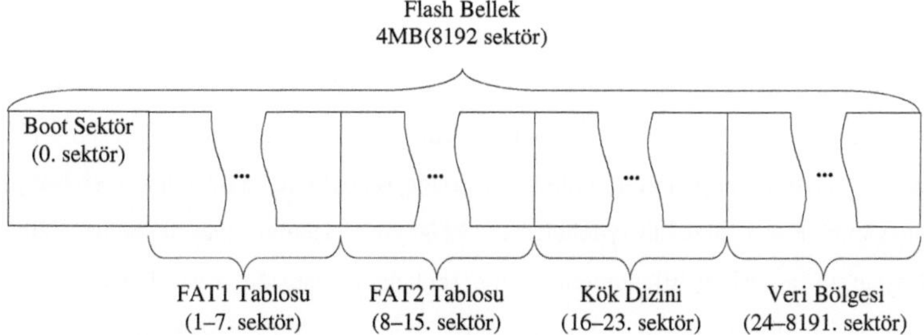

Şekil 4.24. 4 MB kapasiteli flash belleğin organizasyonu

4.2.3. Boot işlem akışı

Depolama biriminde başlangıçta boot sektör bilgileri ve işletim sistemini aktif hale getirecek olan komut alt programları, opcode tablosu, karakter bit haritaları gibi bilgiler yer almamaktadır. Bu verilerin başlangıçta bir yalnız okunabilir bellek biriminden alınarak flash bellek birimine kaydedilmesi ve daha sonra kontrolün boot sektöre devredilerek ana bellek organizasyonu bölümünde anlatılan dosyaların bellekte gerekli yerlere getirilmesi gerekmektedir. Bu işleri yapan birim literatürde boot loader olarak isimlendirilir ve bu çalışmada da 23 byte uzunluğunda bir alt programdan oluşan ve tamamen bu çalışmada kullanılan bilgisayar mimarisi assembly komutlarıyla yazılan bir bootloader geliştirilmiştir. Bootloader alt programı

ve işletim sistemi için gerekli başlangıç dosyaları için Altera DE2 FPGA geliştirme kartlarında bulunan M4K tipi bir rom bellek kullanılmıştır. Bootloader programı işlem akışı Şekil 4.25'de verilmiştir. İşlem akışında bootloader programındaki komutlar mikroişlemci birimi tarafından yerine getirilerek 16KByte kapasiteli ROM bellekteki temel işletim sistemi dosyaları Flash belleğe aktarılmaktadır. Aktarma işlemi bittikten sonra bootloader programı kontrolü boot sektörde yer alan programa devrederek depolama birimine alınan temel işletim sistemi dosyaları ana bellek organizasyonunda bahsedilen adres aralıklarına alınmaktadır. Bu dosyalar daha önce de vurgulandığı üzere klavyeden basılan karakterlerin bit haritalarının alınarak ekran bölgesine aktarım alt programı, karakterlerin bit haritaları, temel işletim sistemi komutlarının(new, save, edit, run ve dir) alt programları ve opcode tablosu gibi sabit verilerdir. Bu veriler 16 KB kapasiteli ROM tipi belleğe şu formatta yerleştirilmiştir:
<0x1234><başlangıç adresi><saklanmak istenen veri dizisi><0x55AA(bitiş imzası)>
Tablo 4.7'de verilen 23 byte uzunluğundaki bootloader alt programı 16 KB kapasiteli ROM bellekte yukarıda verilen formata göre yerleştirilen her bir dosyayı Flash belleğe yükleme işlemini gerçekleştirmektedir. Bu formattaki 0×1234 verisi yeni bir dosya verisinin başladığını bildiren bir ifade olup bunu takip eden veri ise yeni dosyanın Flash bellekte yükleneceği bölgenin başlangıç yerini belirtmektedir. Başlangıç adresi belirlendikten sonra saklanmak istenen veri dizisi başlangıç adresinden itibaren ardışıl olarak yüklenir. Yükleme işlemi 0x55AA bitiş imzası sabit verisi ile karşılaşıncaya kadar sürer.

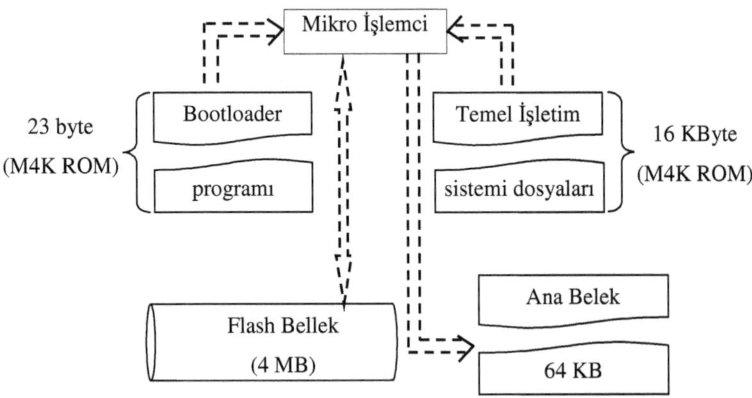

Şekil 4.25. Boot işlemi akış diyagramı

Tablo 4.7. Bootloader alt programı

	Komut	Açıklama
A:	LDAP	Yığın göstergecinin 16K lık ROM bellekte işaret ettiği veri AC(Akümülatör)'ye alınıyor.
	CMP #1234h	Veri bloğunun başlangıcını temsil eden 0x1234 verisi olup olmadığı karşılaştırılıyor.
	BZR D:	Eğer yeni bir dosyanın başlangıcı ise D etiketli alt programa dallan.
E:	COPY	Yığın göstergecinin 16K lık ROM bellekte işaret ettiği flash belleğe kopyalanıyor.
	SP++	ROM belleği adresleyen Stack Pointer(SP) bir artırılıyor.
	TR++	Temporary Register bir artırılıyor.
	LDAP	Yığın göstergecinin 16K lık ROM bellekte işaret ettiği veri AC(Akümülatör)'ye alınıyor.
	CMP #55AAh	Veri bloğunun bitiş imzasını temsil eden 0x55AA verisi olup olmadığı karşılaştırılıyor.
	BZR C:	Eğer bitiş verisi ile karşılaşılmışsa C etiketli alt programa dallanılıyor.
	BRA A:	A etiketli alt programa dallanılıyor.
D:	SP++	ROM belleği adresleyen Stack Pointer(SP) bir artırılıyor.
	LDAR	Artırılan yığın göstergecinin değeri flash belleği adresleyen Adres kaydedicisine aktarılıyor..
	SP++	ROM belleği adresleyen Stack Pointer(SP) bir artırılıyor.
	BRA E:	E etiketli alt programa dallanılıyor.
C:	LDA #0000h	AC'ye 0x0000 verisi yükleniyor.
	MOVE	AC'ye yüklenen veri Program sayıcıya aktarılarak kontrolün Flash bellekteki boot sektörüne geçmesi sağlanıyor.

Bu dosyalar ana bellekte gerekli adres alanlarına yüklendikten sonra işletim sistemi kontrolü klavye alt programına devreder. Bu program vasıtası ile kullanıcı ile ilk iletişim kurulmuş durumdadır. Kullanıcının çeşitli işletim sistemi komutlarını yazıp çalıştırabileceği komut yazma satırı aktif durumdadır. Kullanıcı ile iletişim kurulan komut satırı ekran görüntüsü Şekil 4.26'da görülmektedir.

Şekil 4.26. Komut yazma satırı ekran görüntüsü

Komut satırında kullanıcının kullanabileceği komut çeşidi 5 adet olup bunlar Tablo 4.8'de verilmiştir. Komut satırında bu komutları kullanılırken dikkat edilmesi gereken kurallar şunlardır:

- Komut adı küçük harf ile yazılmalıdır.
- Komut adı küçük yazıldıktan sonra bir boşluk bırakılmalıdır.
- Komut adı yazıldıktan("dir" komutu hariç) sonra dosya ismi maksimum 8 karakter uzunluğunda olmalı ve dosya isminden sonra uzantısı "." karakteri ile başlamalıdır. Dosya uzantısı 3 karakter uzunluğunda olmalıdır.
- 1 ve 2 nolu adımlarda bahsedilen kurallara uygun komut yazıldıktan sonra, komutun çözümlenme işleminin başlayabilmesi için klavyeden "Enter" tuşuna basılmalıdır. Aksi takdirde hiçbir işlem yerine getirilmeyecektir.
- "dir" komutu tek başına bir komut olup, yazımı tamamlandıktan sonra "Enter" tuşuna basılması yeterlidir.

Tablo 4.8. Komut satırında yazılabilen komut listesi

Komut	Yapılan iş	Örnek Komut Yazımı
new	Yeni bir dosya oluşturma	new abcde.asm
save	Aktif dosyayı kaydetme	save
edit	İstenilen bir dosyayı düzenleme	edit abcde.asm
run	Aktif dosyayı derleyip çalıştırma	run
dir	Kök dizindeki dosyaları görüntüleme	dir

4.2.4. Ekran ve klavye kontrolü

Ana bellek ve depolama birimi organizasyonunda sonra yapılan çalışma kullanılacak olan ekran organizasyonu ve bu birimin kontrol edilmesidir. Bu çalışmada 640×480 çözünürlüğünde VGA formatında olan bir ekran tercih edilmiş ve bu ekranın 320×384'lük kısmı kullanılmıştır. Bu çalışmada kullanılan her bir karakterin 8×16 piksel ebatlarında olduğu dikkate alınırsa kullanılan ekranın 40 adet sütun ve 24 adet satırdan meydana geldiği ortaya çıkacaktır. Bu durum Şekil 4.27'da görülmektedir. Bir VGA monitör kontrolörü VGA ara yüz sinyallerinin kontrol eden bir lojik devredir. Ekranda bir bilgiyi görüntülemek için VGA ara yüzüne ait renk ve senkronize sinyallerini kullanır. Bu sinyalleri kontrol ederek ekrandaki piksellerin yakılması veya söndürülmesi neticesinde istenilen görüntü elde edilir. Ekranda iyi bir görüntü elde edebilmek için bilginin sürekli olarak tazelenmesi gerekir. Ekrandaki her bir pikselin çalışma frekansı çözünürlük ve tazelenme oranına bağlı olarak değişir. Dolayısıyla daha yüksek çözünürlük ve tazelenme oranı daha yüksek bir piksel frekansı anlamına gelmektedir [59]. Ekran kontrolörü bu çalışmada donanımsal yapıda oluşturulmuş olup mimarinin assembly komutları kullanılarak oluşturulacak yazılımsal versiyonu için [60] nolu referansta yer alan web sitesi takip edilebilir.

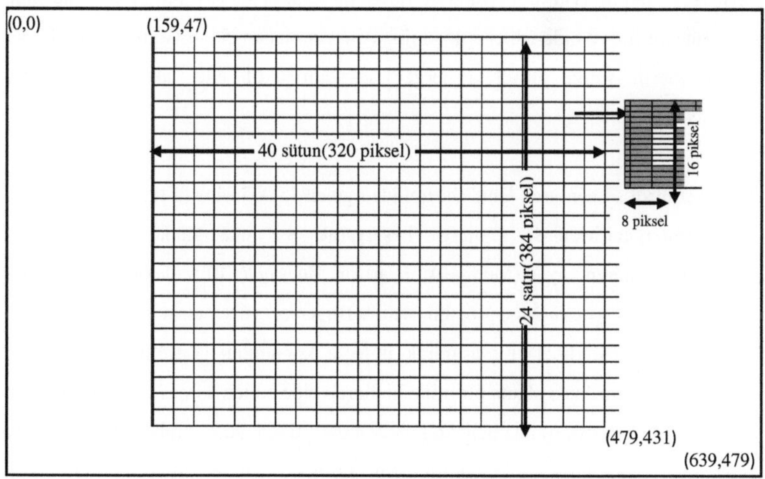

Şekil 4.27. Mimaride kullanılan 640x480 çözünürlüğündeki ekranın organizasyonu

Tasarlanan VGA monitör kontrolörü 6 bölümden oluşmaktadır. Kullanıcı ara yüzündeki imlecin sütun ve satır konumlarını gösteren sırasıyla Mod–40 ve Mod–24 sayıcıları, ekrana basılacak karakterdeki(8×16 piksel) pikselin satır ve sütun konumlarını gösteren Mod–8 ve Mod–16 sayıcılar, bu dört sayıcıdan gelecek olan bilgiye bağlı olarak pikselin ana bellekte kaydedileceği adresi hesaplayan adres hesaplama birimidir. Ekranın 320×384 çözünürlük bölgesinde olup olmadığını denetleyen kontrol biriminden oluşur. VGA monitör kontrolörün detaylı blok diyagramı Şekil 4.28'de verilmiştir. VGA monitörün kendisinin ürettiği senkronize sinyaller(yatay ve dikey), monitörün o anda ekranda aktif olan pikselin satır ve sütun numaralarının elde edilmesinde kullanılır. Alınan satır ve sütun numaraları bu çalışmada kullanılan ekran bölgesi olan 320×384 çözünürlüğündeki bölgede ise Şekil 4.28'deki "In-out control screen area Unit" isimli birimin çıkışını aktif eder(lojik 1). Bu birim dört adet 10 bitlik çıkarıcı devreden meydana gelmektedir. Monitörden alınan satır numarasının ekran bölgesinin başlangıç satır numarası olan 47'den büyük ve bitiş satır numarası olan 431'den küçük olup olmadığı kontrol edilir. Bu işlem için dört adet çıkarıcıdan ikisi kullanılarak, çıkarıcı devrelerin elde çıkışı kontrol edilir. Yine aynı şekilde monitörden gelen sütun numarası ekran bölgesinin başlangıç sütun numarası olan 159'dan büyük ve bitiş sütun numarası olan 479'dan küçük olup olmadığı kontrol edilir. Bu işlem içinde iki adet çıkarıcı devre kullanılarak elde çıkışları kullanılır. Bu dört çıkarıcı devrenin elde çıkışları bir AND kapısının girişlerine verilir ve elde edilen çıkış lojik 1 ise tasarlanan ekran kontrolöründeki her bir karakterin sütun piksel göstergeç sayacını aktif eder aksi halde sayaç çalışmayacaktır.

"In-out control screen area Unit" biriminden gelen lojik 1 sinyali ile karakter piksel sütun göstergeci(Mod–8) saymaya başlayarak 8'e ulaştığında imlecin sütun konumunu gösteren sayacı(Mod–40) bir artırır. Bu sayaç 40'a ulaştığında karakter piksel satır göstergecini(Mod–16) bir artırır. Bu sayaç 16'ya ulaştığında imleç satır konum sayacını(Mod–24) bir artırarak imlecin konumunu güncelleştirir. Bu dört sayacın çıkışı adres hesaplama birimine iletilerek elde edilen adres ile ekrandaki aktif pikselin bilgisi(1 veya 0) ana bellekten 0×A000–0×BFFF adres aralığından alınır. Bu tasarımda ekranda tek renk kullanılmış olup kırmızıdır. Elde edilen adresteki piksel bilgisi lojik 1 ise monitörün RGB sinyallerinden R sinyali 1 yapılır, lojik 0 ise R sinyaline 0 bilgisi gönderilir.

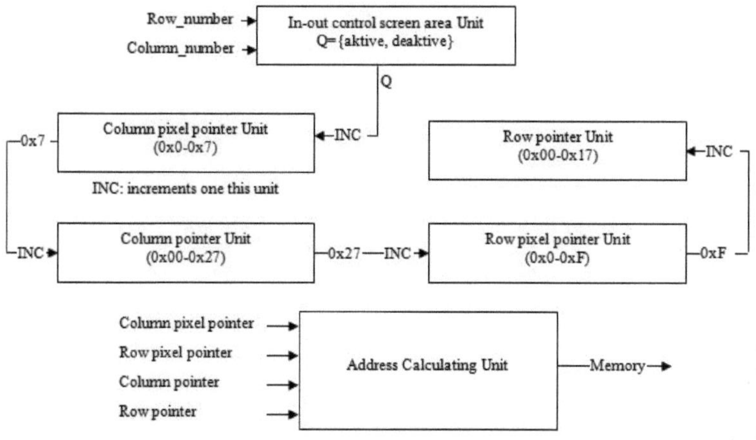

Şekil 4.28. VGA monitör kontrolörü blok diyagramı

Karakterlerin bit haritaları belleğe ASCII tablosundaki sıraya göre yerleştirilmiştir. Ancak çalışmada kullanılan ana belleğin bir hücresinin 16 bit ve bir karakterin genişliğinin 8 piksel olduğu göz önünde bulundurulursa karakterin bit haritasının bellekte yerleşimi şu şekilde organize edilmiştir. Ana belleğin yüksek anlamlı ilk 16 hücresini ASCII kodu diğerine göre daha küçük olan bir karakterin bit haritası, düşük anlamlı ilk 16 hücresini ise ASCII kodu diğerine göre daha büyük olan diğer karakterin bit haritası yerleştirilmiştir. Başka bir ifade ile ASCII kodu çift olan karakterin bit haritası belleğin yüksek anlamlı kısmına, tek olan ise düşük anlamlı kısmına yerleştirilmiştir. Örneğin B(ASCII kodu 0x42) ve C(ASCII kodu 0x43) karakterlerinin bellek yerleşimi Şekil 4.29'da görülmektedir. Vhdl dilinde yazılan klavye alt programı [61], "Alt" ve "Shift" kontrolleri eklenerek yeniden düzenlenmiştir. Bu yazılımsal alt programın bu çalışmada kullanılan assembly dili versiyonunu ekran kontrolü alt programında olduğu gibi [60] nolu referanstaki web sitesi takip edilebilir. Klavye alt programdan elde edilen basılan karakterin ASCII kodu bellekte saklanan karakterin bit haritasının başlangıç adresinin bulunarak elde edilmesinde kullanılır. Bu adresin elde edilmesi ve alınan bit haritasının 0×A000–0×BFFF ekran bölgesine aktarımı ile algoritması şu adımlardan oluşmaktadır:

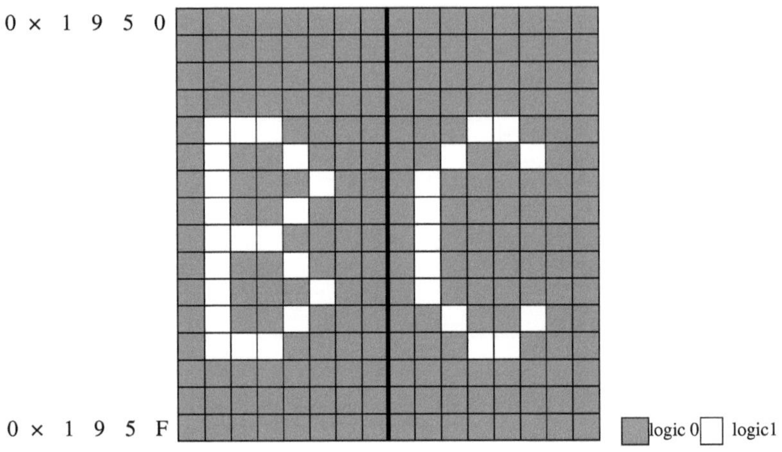

Şekil 4.29. "B" ve "C" karakterlerine ait örnek bellek yerleşimi

Adım–1: Başla

Adım–2: Basılan karakterin ASCII kodunu giriş kaydedicisine(IN) aktar.

Adım–3: 0×1800(karakter bit haritalarının başlangıç adresi)+(ASCII kod/0×2) adresini hesaplayarak basılan karakterin bit haritasının başlangıç adresini hesapla.

Adım–4: 0×A000(ekran bölgesi başlangıç adresi)+((İmleç satır göstergeci*0×28+İmleç sütun göstergeci)/2)*0×10 adresini hesaplayarak bit haritasının aktarılacağı ekran bölgesindeki başlangıç adresini elde et.

Adım–5: Alınan ASCII kodu tek ise Adım–15'e git.

Adım–6: İmlecin sütun göstergeci tek ise Adım–11'e git.

Adım–7: Adım–3'de hesaplanan adresteki veriye 0×FF00 AND maskesi uygulayarak 15–8 bitleri arasındaki veriyi elde et.(Şekil 4.28'de görüleceği üzere ASCII kodu çift olanların bit haritaları belleğin 15–8.bitlerinde yer almaktadır)

Adım–8: Adım–7'de elde edilen veriyi Adım–4'de elde edilen adresin 15–8. bitlerine kaydet.

Adım–9: Hem Adım–3 hem de Adım–4'de elde edilen adresi 1 artır ve sayaç++

Adım–10: Eğer sayaç=0×10 ise programı bitir, değil ise Adım–7'ye git.

Adım–11: Adım–3'de hesaplanan adresteki veriye 0×FF00 AND maskesi uygulayarak 15–8 bitleri arasındaki veriyi elde et.

Adım–12: Adım–11'de elde edilen veriyi Adım–4'de elde edilen adresin 7–0. bitlerine kaydet.

Adım–13: Hem Adım–3 hem de Adım–4'de elde edilen adresi 1 artır ve sayaç++

Adım–14: Eğer sayaç=0×10 ise programı bitir, değil ise Adım–11'e git.

Adım–15: İmlecin sütun göstergeci tek ise Adım–20'ye git.

Adım–16: Adım–3'de hesaplanan adresteki veriye 0×00FF AND maskesi uygulayarak 7–0. bitleri arasındaki veriyi elde et.(Şekil 4.28'de görüleceği üzere ASCII kodu tek olanların bit haritaları belleğin 7–0.bitlerinde yer almaktadır)

Adım–17: Adım–16'da elde edilen veriyi Adım–4'de elde edilen adresin 15–8. bitlerine kaydet.

Adım–18: Hem Adım–3 hem de Adım–4'de elde edilen adresi 1 artır ve sayaç++

Adım–19: Eğer sayaç=0×10 ise programı bitir, değil ise Adım–16'ya git.

Adım–20: Adım–3'de hesaplanan adresteki veriye 0×00FF AND maskesi uygulayarak 7–0. bitleri arasındaki veriyi elde et.

Adım–21: Adım–20'de elde edilen veriyi Adım–4'de elde edilen adresin 7–0. bitlerine kaydet.

Adım–22: Hem Adım–3 hem de Adım–4'de elde edilen adresi 1 artır ve sayaç++

Adım–23: Eğer sayaç=0×10 ise programı bitir, değil ise Adım–20'ye git.

Basılan karakterin bit haritasının başlangıç adresinin elde edilerek alınması ve ekran bölgesine kaydedilmesi işlemlerini çalışmada kullanılan assembly dili komutları Tablo 4.9 ve 4.10'da verilmiş olup Şekil 4.29 ise klavyeden basılan karakterin ekrana basım sürecinde takip edilen adımları özetlemektedir. Bu tablolar yalnızca ASCII kod ve imlecin sütun göstergecinin çift olması durumunda yapılacak komutları göstermektedir. Diğer durumlar içinde benzer komutların kullanılacağı yukarıda verilen algoritma adımlarından anlaşılmaktadır. Klavyeden basılan karakterin ekrana basılması süresince yapılan bütün işlemlerin assembly dilinde yazılmış alt programı EK-B'de verilmiştir.

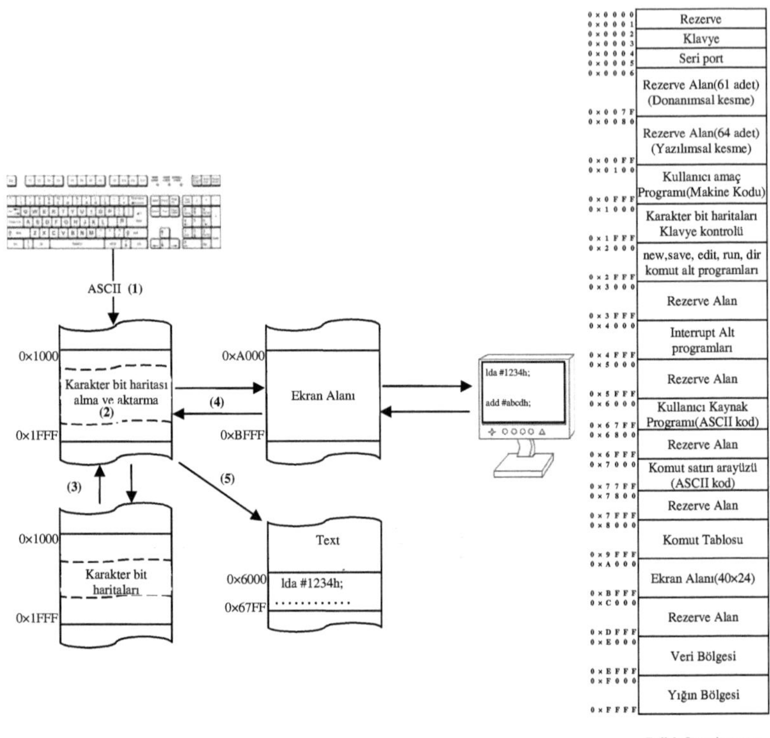

Şekil 4.29. Klavyeden basılan karakterin ekrana yansıma süreci

Klavyeden basılan karakterin bit haritasının alınması ve ana bellekteki ekran bölgesine gönderilmesi alt programlarının tasarımından sonra 40 sütun×24 satırdan oluşan ekran bölgesinde kullanıcıya hangi konumda olduğunu gösteren bir imleç tasarımı gereklidir. İmleç tasarımında dikkat edilecek unsurlar imlecin ekranda aktif/deaktif olma hızı ve imlecin bulunduğu konumdaki verinin kontrolü olarak karşımıza çıkmaktadır. İmlecin hızını kontrol etmek için sistemde kullanılan saat frekansının hızına bağlı olarak belli bir miktar sayım yapan döngü kullanılmıştır. Döngünün her bitiminde sadece 0 ve 1 değerlerini alan bir değişken(active) kullanılarak, bu değişkenin 0 olması durumunda imleci ekranda aktif etme alt programına, 1 olması durumunda ise imleci ekranda deaktif etme alt programına gitmesi sağlanmıştır.

Tablo 4.9. Klavyeden girilen karakterin bit haritasının bellekteki başlangıç adresini bulma programı

Komut	Açıklama	İlgili Adım
IN	Klavyeden basılan karakterin ASCII kodu AC'e atıldı.	Adım-2
STA $E003h	ASCII kod E003h adresinde saklandı.	

....

LDA $E003h	E003h adresinden basılan karakterin ASCII kodu AC'e atıldı.	Adım-3
DIV #0002h	ASCII kod 2'ye bölünerek AC'ye atıldı.	
MUL #0010h	Akümülatördeki değer 10h(bir karakter 16 bit yüksekliğinde) ile çarpıldı.	
ADD #1800h	Çıkan sonuca 1800h(karakterlerin bit haritasının başlangıç adresi) verisi eklenerek klavyeden basılan karakter bit haritasının başlangıç adresi bulundu.	
STA $E004h	Karakter bit haritasının başlangıç adresi E004h adresinde saklandı.	
LDA $E003h	Klavyeden basılan karakterin ASCII kodu bellekten alındı.	Adım-5
BPO ASCII_tek	ASCII kodu tek ise dallan.	
LDA $E001h	Belleğin E001h adresinde saklı olan imlecin sütun göstergeç değeri alındı.	Adım-6
BPO Sütun_tek	Sütun göstergeç değeri tek ise dallan.	
LDA $E000h	Belleğin E000h adresinde saklı olan imlecin satır göstergeç değeri alındı.	Adım-4
MUL #0014h	Alınan veri 20 ile çarpıldı.	
STA $E006h	Bulunan sonuç belleğin E006h adresine geçici olarak saklandı.	
LDA $E001h	Belleğin E001h adresinde saklı olan sütun sayacı alındı.	
DIV #0002h	Alınan sütun sayacı 2'ye bölündü.	
ADD $E006h	Bulunan sonuç belleğin E006h adresindeki geçici veri ile toplandı.	
MUL #0010h		
ADD #A000h	Bulunan sonuca sabit A000h(Ekran başlangıç adresi) verisi eklenerek karakter bit haritasının bellekte saklanacağı adres elde edildi.	
STA $E008h	Bulunan adres belleğin E008h adresine saklandı.	

Tablo 4.10. Klavyeden girilen karakterin bit haritasının ekran bölgesine aktarma programı

Komut	Açıklama	İlgili Adım
LDA @E004h	Basılan karakterin bit haritasının Adım-3'de hesaplanan başlangıç adresinin gösterdiği yerdeki veri alınıyor.	Adım-7
AND #FF00h	Alınan veriye FF00h maskesi uygulandı(Böylelikle alınan verinin düşük anlamlı sekiz biti iptal edilmiş oldu)	
STA $E009h	Maskelenmiş veri E009h adresinde saklandı.	
LDA $E009h	Maskelenmiş veri E009h adresinden alındı.	Adım-8
STA @E008h	Maskelenmiş veri, Adım-4'de hesaplanan karakterin ekran bölgesine aktarılacak adresinin yer aldığı E008h adresinde yer alan adrese aktarıldı.	
LDA $E008h	Adım-4'de hesaplanan adres değeri E008h adresinden alındı.	Adım-9
INCR	Alınan adres değeri 1 artırıldı.	
STA $E008h	Güncellenen adres değeri tekrar E008h adresine saklandı.	
LDA $E004h	Adım-3'de hesaplanan adres değeri E004h adresinden alındı.	
INCR	Alınan adres değeri 1 artırıldı.	
STA $E004h	Güncellenen adres değeri tekrar E004h adresine saklandı.	
LDA $E007h	Sayacın değeri E007h adresinden alındı.	
INCR	Sayaç değeri bir artırıldı.	
STA $E007h	Güncellenen sayaç değeri E007h adresine saklandı.	
CMP #0010h	Sayacın 16'ye ulaşıp ulaşmadığı kontrol ediliyor.	
BZR sayac_update	Sayaç güncelleme işlemlerinin başına dallanılacak.	
BRA mask_FF00	FF00 maskesi uygulama adımlarının başına dallanılacak.	

İmlecin bulunduğu konumdaki veri imlecin sütun sayacına göre 0×FF00 veya 0×00FF XOR maskelerinden geçirilerek bu konumdaki verinin ekranda bir görünüp bir görünmemesi sağlanmıştır. İmlecin boyutu karakterlerin boyutu ile aynı olup 8×16 piksel genişliğindedir. İmleç tasarımında kullanılan algoritma aşağıda verilmiş olup assembly dilindeki alt programı EK-C'de verilmiştir.

Adım–1: Başla

Adım–2: Active=0(İmleç deaktif)

Adım–3: İmlecin ekrandaki satır ve sütun konumlarını alarak ilgili konumun ekran bölgesindeki başlangıç adresini hesapla.(0×A000(ekran bölgesi başlangıç adresi)+((İmleç satır göstergeci*0×32+İmleç sütun göstergeci)/0×2)*0×10)

Adım–4: İstenilen miktar kadar sayım yapan döngü işlemini yap ve döngü bitene kadar bu adımda kal(imlecin ekranda aktif ve deaktif kalma süresi ayarlanıyor).

Adım–5: Active=0 ise imleci deaktif edecek alt programa(Adım–13) dallan.

Adım–6: İmlecin sütun göstergeci tek ise Adım–10'a git.

Adım–7: Adım-3'de hesaplanan adreste yer alan veriyi al ve 0×FF00 XOR maskesinden geçir ve bu adrese kaydet.

Adım–8: Adım–3'de elde edilen adresi 1 artır ve sayaç++

Adım–9: Eğer sayaç=0×10 ise Active=0 yap ve Adım–4'e git değilse Adım–7'ye git.

Adım–10: Adım-3'de hesaplanan adreste yer alan veriyi al ve 0×00FF XOR maskesinden geçir ve bu adrese kaydet.

Adım–11: Adım–3'de elde edilen adresi 1 artır ve sayaç++

Adım–12: Eğer sayaç=0×10 ise Active=0 ve Adım–4'e git değilse Adım–7'ye git.

Adım–13: İmlecin sütun göstergeci tek ise Adım–17'ye git.

Adım–14: Adım-3'de hesaplanan adreste yer alan veriyi al ve 0×FF00 XOR maskesinden geçir ve bu adrese kaydet.

Adım–15: Adım–3'de elde edilen adresi 1 artır ve sayaç++

Adım–16: Eğer sayaç=0×10 ise Active=1 ve Adım–4'e git değilse Adım–14'e git.

Adım–17: Adım-3'de hesaplanan adreste yer alan veriyi al ve 0×00FF XOR maskesinden geçir ve bu adrese kaydet.

Adım–18: Adım–3'de elde edilen adresi 1 artır ve sayaç++

Adım–19: Eğer sayaç=0×10 ise Active=1 ve Adım–4'e git değilse Adım–17'ye git.

4.2.5. Tasarlanan temel işletim sistemi komutları

Daha öncede belirtildiği üzere sistem yönetici ve kullanıcı modu olmak üzere iki modda çalışır. Sistem başlangıç anında yönetici modunda Şekil 4.26'daki görüntüde açılarak temel işletim sistemi komutlarını yazabilmesine olanak sağlayan bir komut satırı kullanıcının kullanımına sunulmaktadır. Bu çalışmada beş adet komut tasarımı yapılmıştır. Tasarlanan komutlar diğer birimlerde olduğu mimarinin kendi assembly dili oluşturulmuş komutlardır. Bu komutlar new, save, run, edit ve dir komutlarıdır. Komut satırında yazılacak komutların yazımı ile ilgili kurallar Bölüm 4.2.3'de verilmiştir. Komut satırında girilen bütün karakterler ana bellek organizasyonunda değinildiği üzere belleğin 0×7000–0×77FF adresleri arasına kaydedilmektedir. Kaydedilme süreci şu adımlardan oluşmaktadır:

Adım–1: Başla

Adım–2: İmlecin satır ve sütun göstergeç değerlerini alarak basılan karakterin ASCII kodunun kaydedileceği adresi hesapla.(0×7000+(İmleç satır göstergeci*0×28+İmleç sütun göstergeci)/0×2)

Adım–3: Sütun göstergeç değeri tek ise Adım–6'ya git.

Adım–4: Basılan karakterin ASCII kodu 8 kere sola kaydır.(0×00xx formatındaki ASCII kodu 0×xx00 formatına getirerek hesaplanan adresin 15–8. bitleri arasına kaydedilmesini sağlamak)

Adım–5: Adım–4'de elde edilen kaydırılmış ASCII kodu, Adım–2'de hesaplanan adrese aktar ve Adım kontrol

Adım–6: Basılan karakterin ASCII kodu ile Adım–2'de hesaplanan adresteki veri ile OR işleminden geçirerek elde edilen veriyi Adım–2'de elde edilen adrese aktar.

Adım–7: ASCII kod=0×000D(Enter) ise ilgili satırda boş kalan sütunları 0×20(Space) ile doldur.(Komut çözümleme aşamasında değerlendirme satır bazında yapılacağından dolayı, komut satırında girilen karakterlerin uzunluklarının eşit olması durumunda çözümleme işlemi basit olmaktadır)

Adım–9: İmlecin satır göstergecini bir artır ve sütun göstergecine ise 0×4(bir sonraki komut satırının ilk dört sütun hücresi "C:\>" karakterleri ile doludur.) değerini ata.

Adım–10: Bir sonraki komut satırının başlangıç adresini hesapla(0×7000+(İmleç satır göstergeci*0×28)/0×2)

Adım–11: Adım–10’da elde edilen adrese ve bir fazlasına sırasıyla “C:” ve “\>” karakterlerinin ASCII kodları olan 0×433A ve 0×5C3E değerlerini sakla.

Adım–12: Bitir.

Girilen komuttan sonra ilgili komutun alt programına dallanılmadan önce komutun çözümlenmesi işlemi gerçekleşir. Çözümlenme sürecinde komut satırında yazılan komutların komut tablosunda aranmasında Brute-Force algoritması kullanılmıştır. Brute-Force algoritması, aranan kelimeyi(m karakter) aranacak metin(n karakter) içinde arama işlemi yaparken, aranacak metinin 1. karakteri ile n-m. karakteri arasındaki bütün konumları kontrol ederek aramayı gerçekleştirir. Her denemeden sonra aranan kelimenin pozisyonu bir sağa kaydırır. Ayrıca bu algoritma ön işleme aşaması olmayan bir algoritma olup bu algoritma ile ilgili bir örnek [62] aşağıda verilmiştir.

Aranacak Metin

Pozisyon	1	2	3	4	5	6	7	8	9	10	11	12	13	14	15	16	17	18	19	20	21	22	23	24
	G	C	A	T	C	G	C	A	G	A	G	A	G	T	A	T	A	C	A	G	T	A	C	G
	G	C	A	G	A	G	A	G																
	√	√	√	×																				

Aranan Kelime(1. deneme)

Aranacak Metin

Pozisyon	1	2	3	4	5	6	7	8	9	10	11	12	13	14	15	16	17	18	19	20	21	22	23	24
	G	C	A	T	C	G	C	A	G	A	G	A	G	T	A	T	A	C	A	G	T	A	C	G
		G	C	A	G	A	G	A	G															
		×																						

Aranan Kelime(2. deneme)

Aranacak Metin

Pozisyon	1	2	3	4	5	6	7	8	9	10	11	12	13	14	15	16	17	18	19	20	21	22	23	24
	G	C	A	T	C	G	C	A	G	A	G	A	G	T	A	T	A	C	A	G	T	A	C	G
			G	C	A	G	A	G	A	G														
			×																					

Aranan Kelime(3. deneme)

Aranacak Metin

Pozisyon	1	2	3	4	5	6	7	8	9	10	11	12	13	14	15	16	17	18	19	20	21	22	23	24
	G	C	A	T	C	G	C	A	G	A	G	A	G	T	A	T	A	C	A	G	T	A	C	G
				G	C	A	G	A	G	A	G													
				×																				

Aranan Kelime(4. deneme)

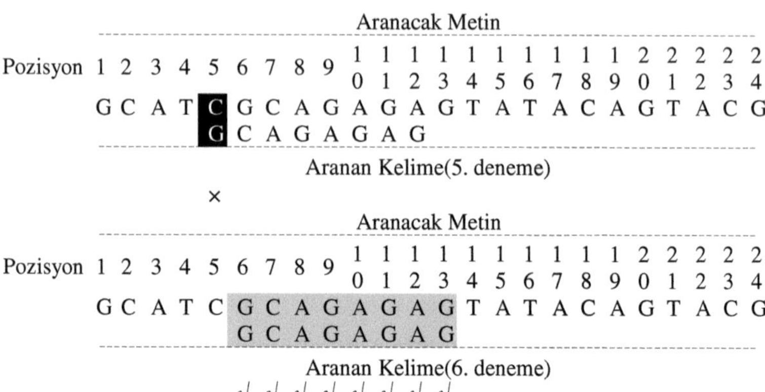

Bu çalışmada aranacak komut tablosu aşağıdaki formatta oluşturulmuştur.

Komut tablosu

Pozisyon	1	2	3	4	5	6	7	8	9	10	11	12	13	14	15	16	17	18	19	20	21	22	23
	n	e	w	0 0	r	u	n	0 1	e	d	i	t	0 2	s	a	v	e	0 3	d	i	r	0 4	AA

Bu tablodaki komutlar, komutun adındaki karakterler ve komutun indeks numarasını kapsayacak şekilde oluşturulmuştur. Komut satırında yazılan komutun çözümlenme işlemi aşağıdaki adımlarda belirtilmiş olup Şekil 4.31 örnek olması açısından "new" komutunun çözümlenme sürecini şematize etmektedir.

Adım–1: Başla

Adım–2: İmleç satır göstergeci bir azalt.(Sütun göstergeci kaydedilme sürecinde son değeri 0×4 olduğundan bu göstergecin değerinde bir güncelleme yapmaya gerek yoktur.)

Adım–3: Komut satırında yazılan son komutun kaydedildiği bellek adresinin başlangıcını hesapla.(0×7000+(İmleç satır göstergeci*0×28+İmleç sütun göstergeci)/0×2)

Adım–4: Adım–3'de elde edilen başlangıç adresli komutu alarak komut tablosundaki komutlar ile karşılaştır.

Adım–5: Komut tablosundan elde edilen komut indeksi=0 ise "new" alt programına, 1 ise "run" alt programına, 2 ise "edit" alt programına, 3 ise "save" alt programına ve 4 ise "dir" alt programına dallan.

Adım–6: Ekrana “Invalid command” uyarısı ver ve programı bitir.

Şekil 4.31. “new” komutunun çözümlenme süreci

Komut tablosundaki komutlardan sadece “new” ve “run” komutlarının assembly dilindeki alt programları EK–D ve EK–E’de verilmiş olup diğer komutların alt programları [60] nolu referansta yer alan web sitesine konulacaktır.

4.2.5.1. new komutu

Bu komut depolama biriminde 4 KB boyutunda yeni bir dosya oluşturarak kullanıcıya mimarinin sağlamış olduğu assembly dilini kullanarak program yazabileceği ve Şekil 4.32’de görülen boş bir ekran ara yüzü sağlar. Bu ara yüz kullanılarak kullanıcı kaynak programını oluşturabilir. Bu komutun komut satırında yazım formatı “C:\>new” şeklindedir.

Bilgisayar mimarisi 59 adet komuttan oluşan komut kümesini kullanmaktadır. 6 farklı adresleme moduna sahip olan mimarideki her bir komutun uzunluğu 16 bittir. Doğal adresleme moduna sahip komutlar bellekte 1, diğer adresleme moduna sahip komutlar ise bellekte 2 bellek kelimesi kadar yer kaplamaktadırlar. Mimaride kullanılan adresleme mod çeşitleri ve bunları temsil eden simgeler Tablo 4.11’de gösterilmiştir. Komutlar hakkında detaylı bilgi [38] nolu referansta mevcuttur.

Şekil 4.32. Assembly dili kullanılarak program yazma ara yüzü

Tablo 4.11. Mimaride kullanılan adresleme mod çeşitleri ve bunlara karşılık düşen semboller

Adresleme Modu	Sembol
İvedi adresleme	#
Direkt adresleme	$
Dolaylı adresleme	@
İndis adresleme	%
Göreceli adresleme	*
Doğal adresleme	

“new” komutu ile oluşturulan program yazma ara yüzünde yazılan programın derleyici tarafından doğru bir şekilde derlenebilmesi için dikkat edilmesi gereken yazım kuralları mevcuttur:

— Komutun assembly dilindeki karşılığı yazıldıktan sonra bir boşluk bırakılmalıdır. Doğal adresleme moduna sahip bir komut bir komut yazılıyorsa boşluk kullanılmayıp komutu takiben ";" karakteri ile komut sonlandırılmalıdır.

— Komut ismi ve/veya boşluk karakterinden sonra hangi adresleme modu kullanılacaksa, Tablo 4.11'de yer alan adresleme modu sembollerinden biri kullanılmalıdır. Bu sembolü takiben kullanılacak olan kullanılacak veri veya adres dört basamaklı hexadecimal formatta olmalı ve sonuna "h" karakteri eklenmelidir.

— "hlt" komutu hariç komut yazımı ";" karakteri ile bitirilmelidir. hlt komutu "." İle sonlanmalıdır. Komut listesi EK-A'da verilmiştir.

— ";" karakterinden sonra satır hakkında açıklama bilgisi eklenebilir.

— Her bir yeni komut yazımı yeni bir satırda gerçekleştirilmelidir.

"new" komutunun çalışması diğer komutlar arasında en basit olanıdır. Sadece ekran bölgesi olan 0×A000–0×BFFF adres aralığını temizleyerek, imlecin satır ve sütun göstergeçlerini "0" olarak güncellemektir. "new" komutunun çalışma prensibini gösteren şema Şekil 4.33'de verilmiştir.

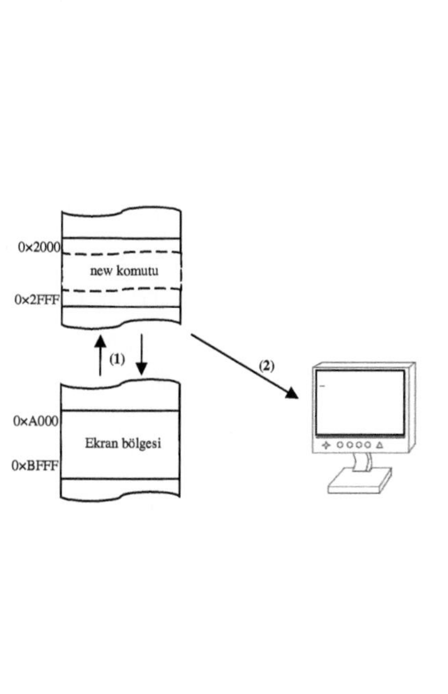

Adres	Bölge
0×0000–0×0001	Rezerve
0×0002–0×0003	Klavye
0×0004–0×0005	Seri port
0×0006–0×007F	Rezerve Alan(61 adet) (Donanımsal kesme)
0×0080–0×00FF	Rezerve Alan(64 adet) (Yazılımsal kesme)
0×0100–0×0FFF	Kullanıcı amaç Programı(Makine Kodu)
0×1000–0×1FFF	Karakter bit haritaları Klavye kontrolü
0×2000–0×2FFF	new,save, edit, run, dir komut alt programları
0×3000–0×3FFF	Rezerve Alan
0×4000–0×4FFF	Interrupt Alt programları
0×5000–0×5FFF	Rezerve Alan
0×6000–0×67FF	Kullanıcı Kaynak Programı(ASCII kod)
0×6800–0×6FFF	Rezerve Alan
0×7000–0×77FF	Komut satırı arayüzü (ASCII kod)
0×7800–0×7FFF	Rezerve Alan
0×8000–0×9FFF	Komut Tablosu
0×A000–0×BFFF	Ekran Alanı(40×24)
0×C000–0×DFFF	Rezerve Alan
0×E000–0×EFFF	Veri Bölgesi
0×F000–0×FFFF	Yığın Bölgesi

Şekil 4.33. "new" komutu çalışma şeması

Açılan text ara yüzünde kullanıcı, programını yukarıda verilen kurallara bağlı olarak yazdıktan sonra program üzerinde çalıştırma, kaydetme gibi işlemlerini yapabilmesi için sistemin tekrar yönetici modu olan komut satırına geçmesi gerekir. İki mod arasında geçiş "Esc" tuşu ile sağlanır. Şekil 4.34 text ara yüzü kullanılarak yazılan örnek bir programı göstermektedir.

```
lda #001ah;/*ac<--0x001a
mul #000bh;/*ac<--0x001a*0x000b
sta $2000h;/*m[0x2000]<--0x011e
hlt;/*program halted
```

Şekil 4.34. Text ara yüzünde örnek bir program

4.2.5.2. save komutu

Bu komut text ara yüzünde yazılan programın ASCII kodlarını depolama birimine kaydeder. Ana bellek organizasyonunda bahsedildiği üzere ara yüzde girilen her bir karakter bellekte 0×6000–0×6FFF adres aralığına kaydedilmektedir. Bu komut bu adres aralığındaki ASCII kodları alarak depolama biriminde tahsis edilen bölgeye aktaracaktır. Komutun komut satırındaki yazım formatı "C:\>save dosyaismi.uzantısı" şeklinde olup, bu komutun çalışma prensibi aşağıda adımlar halinde verilmiştir.

Adım–1: Boot sektördeki bilgilerden kök dizinin başlangıç sektör adresini alarak kök dizinine git.

Adım–2: Kök dizin içindeki her bir girdi 16 byte boyutunda olduğundan, dizin içindeki baştan başlayarak her 16 byte'lık alanın ilk byte'nı incele. Bu alanlardaki verilerden hangisinde 0×00(boş dosya) verisi var ise ilgili adrese komut satırındaki dosya ismini ve uzantısını yaz.

Adım–3: FAT tablosunun bulunduğu sektöre giderek, tabloyu incele. Bu tablodaki verilerden hangisinde 0xFA(boş indis) verisi varsa bu verinin bulunduğu indis numarasını alarak kök dizinine git. Kök dizininde dosya adı ve uzantısın yazıldığı alanın son dört byte lık alanına bu indis numarasını yaz. Ayrıca FAT tablosundaki ilgili indis numarası alanındaki veriyi 0xFF(dolu indis) verisi ile değiştir.

Adım–4: Adım–3'de elde edilen indis numarasını alarak kaydedilecek dosyanın depolama birimindeki başlangıç adresini elde et.

Adım–5: Ana belleğin 0×6000–0×6FFF adres aralığına sahip 4 KB kapasiteli bölgeyi Adım–3'de elde edilen başlangıç adresli bölgeye kaydet.

Şekil 4.35 "save" komutu ile yapılan işleri şematik olarak açıklamaktadır.

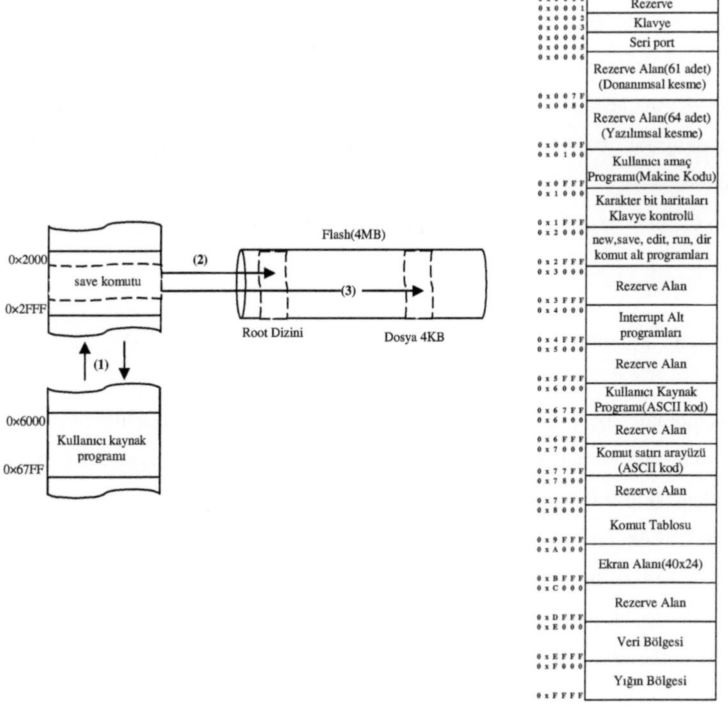

Bellek Organizasyonu

Şekil 4.35. "save" komutunun işleyişinin şematik olarak gösterilmesi

4.2.5.3. edit komutu

Depolama biriminde kayıtlı bir dosyanın düzenlenmek üzere text ara yüzüne getirilmesidir. Komut satırında yazılışı "C:\>edit dosyaismi.uzantı" formatındadır. Komutun işleyişinde takip edilen adımlar aşağıda verilmiş olup komutun işleyişi Şekil 4.36'da şematik olarak verilmiştir

Adım–1: Komut satırında yazılan dosya ismi ve uzantısını alarak kök dizindeki girdiler taranır.

Adım–2: İlgili dosya adı ve uzantısı bulunduğu takdirde, bulunan alanın son dört byte'lık alanında yer alan dosyanın kayıtlı olduğu sektör numarası alınarak ilgili dosyanın başlangıç adresi elde edilir.

Adım–3: Başlangıç adresi belli bu 4 KB kapasiteli sektördeki veriyi ana bellekteki 0×6000–0×6FFF adres aralığına kaydet.

Adım–4: İmlecin satır ve sütun göstergeç değerlerini "0" olarak güncelle.

Adım–5: Ana belleğin 0×6000–0×6FFF adres aralığında kayıtlı ASCII kodları byte byte okuyarak bu kodlara ait bit haritalarını 0×A000 başlangıç adresli ekran bölgesine aktar.

Adım-6: İmlecin satır ve sütun göstergeç değerlerini güncelleyerek Adım-5'i tekrarla.

4.2.5.4. dir komutu

Bu komut kök dizini tamamını inceleyerek kayıtlı dosya isim ve uzantılarını ekranda görüntülenmesini sağlar. Komutun kullanımı "C:\>dir" formatındadır. Bu işlemi yaparken takip ettiği adımlar;

Adım–1: Kök dizinindeki her 16 byte'lık girdinin ilk byte'ını incele. Eğer bu alandaki veri 0×00(boş) ise programı bitir değilse Adım-2'ye git.

Adım–2: Her bir girdinin ilk 12 byte'lık alanında yer alan dosya ismi ve uzantısının ASCII kodlarını elde et.

Adım–3: Bu ASCII kodlarının bit haritalarını alarak ana bellekte ekran bölgesi olan 0×A000–0×BFFF adres aralığına imlecin satır ve sütun göstergeç değerlerine bağlı olarak hesaplanan adrese kaydet.

Adım–4: İmleç satır ve sütun göstergeç değerlerini güncelle ve Adım–1'e git.

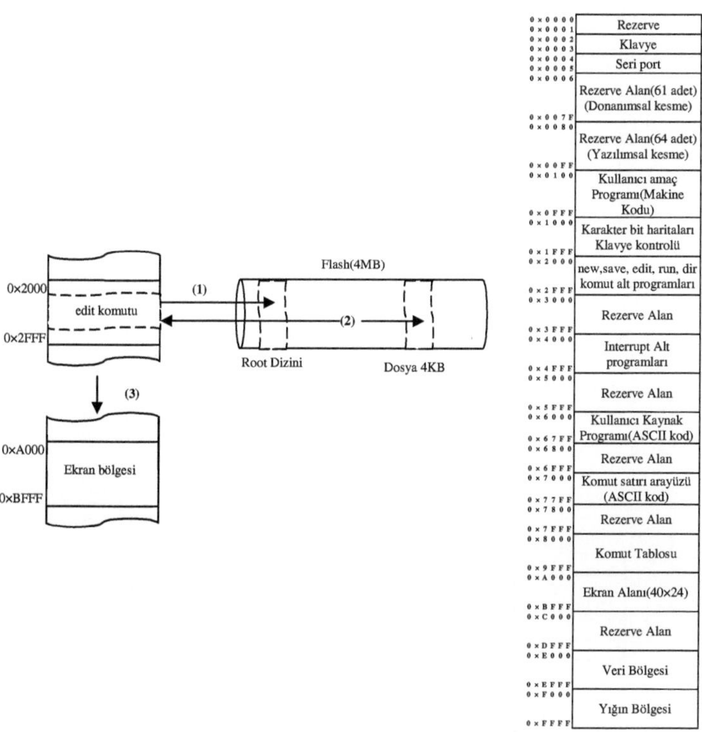

Şekil 4.36. "edit" komutunun işleyişinin şematik olarak gösterilmesi

4.2.5.5. run komutu

Kullanıcının ara yüzde yazmış olduğu assembly dilindeki program sadece ASCII kodlardan ibarettir. Başka bir deyişle bu kodlar mikro işlemci tarafından çalıştırılabilir kodlar değildir. Bundan dolayı bu kodların mikro işlemcinin anlayacağı ikili kodlara dönüşmesi gerekmektedir. "run" komutu ana bellekte 0×6000–0×67FF adres aralığında bulunan kaynak program ASCII kodlarını 0×8000 başlangıç adresli bölgede yer alan komut tablosundan faydalanarak makine diline çevirme işlemini gerçekleştirmektedir. Kaynak programdaki komutları komut tablosunda arama yaparken komut çözümleme aşamasında da kullanılan Brute-Force algoritması kullanılmaktadır. Bu komutun yürüttüğü işlemler temel olarak iki grupta toplanabilir. Bunlardan birinci grup işlem komutun tipinin belirlenerek makine kodunun elde edilmesi işlemlerinden oluşurken, adresleme mod sembolünden sonra gelen adres bilgisi veya verinin hexadecimal formata dönüştürülmesi işlemleri ikinci grup işlemleri oluşturmaktadır. Bu işlemlerin ardından son olarak program sayıcıya(PC) amaç program başlangıcı olan 0×0100 verisini yükleyerek sistemin işleyişini bu adrese yönlendirmektir. Bu durumu Şekil 4.37 özetlemektedir.

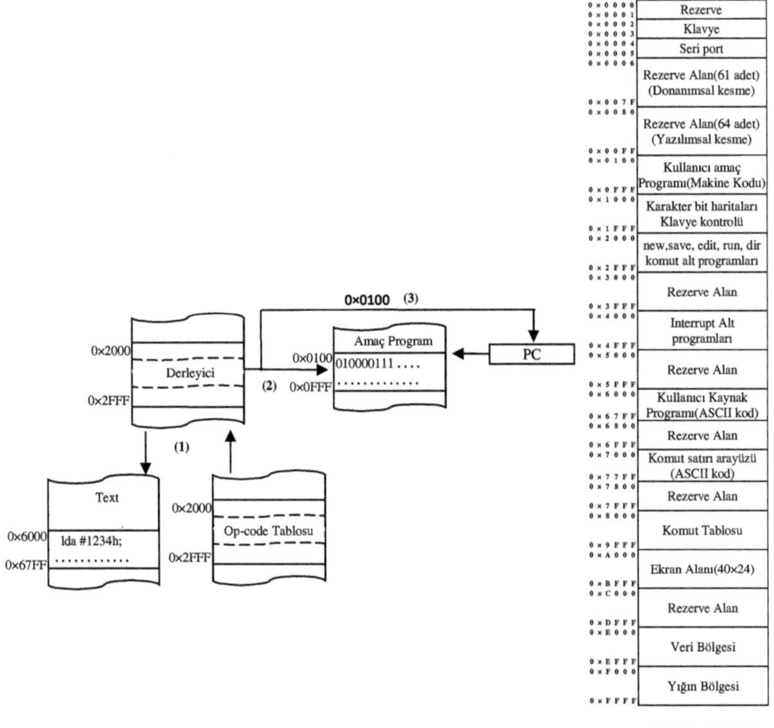

Şekil 4.37. "run" komutunun işleyişinin şematik olarak gösterilmesi

Bu çalışmada sunulan mimarinin kullanmış olduğu 59 komut, adresleme mod çeşitlerine göre opcode(komut) tablosuna yerleştirilmiştir. Komutlar tabloya sahip oldukları karakterlerin ASCII kodları, adresleme mod çeşidini belirten ve Tablo 4.11'de de sunulan sembollerden birinin ASCII kodu ve ilgili adresleme moduna sahip komutun makine kodu olacak şekilde yerleştirilmiştir. Örnek olması açısından yükleme işlemi yapan ve 4 farklı adresleme moduna(derhal, direkt, dolaylı ve indis) sahip "lda" komutunun bu tablodaki yerleşimi Şekil 4.38'de verilmiştir. Bu şekilde makine kodu iki parça halinde verilmiştir. Makine kodu-1, komutun makine kodunun yüksek anlamlı kısmını ifade ederken makine kodu-2, düşük anlamlı kısmını ifade eder.

0×x	0×6C(l)	0×64(d)
0×x+1	0×61(a)	0×23(#)
0×x+2	0×10(makine kodu-1)	0×00(makine kodu-2)
0×x+3	0×6C(l)	0×64(d)
0×x+4	0×61(a)	0×24($)
0×x+5	0×20(makine kodu-1)	0×00(makine kodu-2)
0×x+6	0×6C(l)	0×64(d)
0×x+7	0×61(a)	0×40(@)
0×x+8	0×30(makine kodu-1)	0×00(makine kodu-2)
0×x+9	0×6C(l)	0×64(d)
0×x+10	0×61(a)	0×25(%)
0×x+11	0×40(makine kodu-1)	0×00(makine kodu-2)

Şekil 4.38. "lda" komutunun opcode tablosundaki yerleşim düzeni

"run" komutunun kaynak program alanındaki komutların makine dili karşılıklarını elde ederken takip ettiği adımları aşağıda verilmiştir. Bu komutun çalışmasını kavrayabilmek için Bölüm 4.2.5.1'de anlatılan program yazım kuralları göz önünde bulundurulmalıdır.

Adım–1: Başla

Adım–2: Kaynak programın bellekte kaydedildiği bölgenin başlangıç adresi olan 0×6000 adres değerinden başlayarak boşluk karakterine(0×20) kadar olan ASCII kodlarını al.

Adım–3: Boşluk karakterinden sonra gelen ASCII kodu ";(3B)" değil ise Adım–8'e git.

Adım–4: Alınan bu ASCII kodlarını opcode tablosundaki komutların ASCII kodları ile Brute-Force algoritmasını kullanarak karşılaştır.

Adım–5: Opcode tablosunda arama işleminin bittiği konumun bir sonrasında başlayan makine kodunu alarak bellekte amaç programın yazılacağı bölge başlangıcı olan 0×0100 adresine sakla.

Adım–6: Kaynak program alanında bir sonraki komutun başlangıç adresini bul(Kaynak program alanında bir sonraki geçişi niteleyen "Enter(0×0D)" karakteri bulana kadar adres değerini artır.)

Adım–7: Adım–2'ye git.

Adım–8: Adım–2'de elde edilen ASCII kodlarına bu kodu da ilave ederek opcode tablosundaki komutların ASCII kodları ile Brute-Force algoritmasını kullanarak karşılaştır ve Adım–5'e git.

"run" komutun işleyişini şematik açıdan gösteren akış diyagramları Şekil 4.39, 4.40 ve 4.41'de verilmiştir.

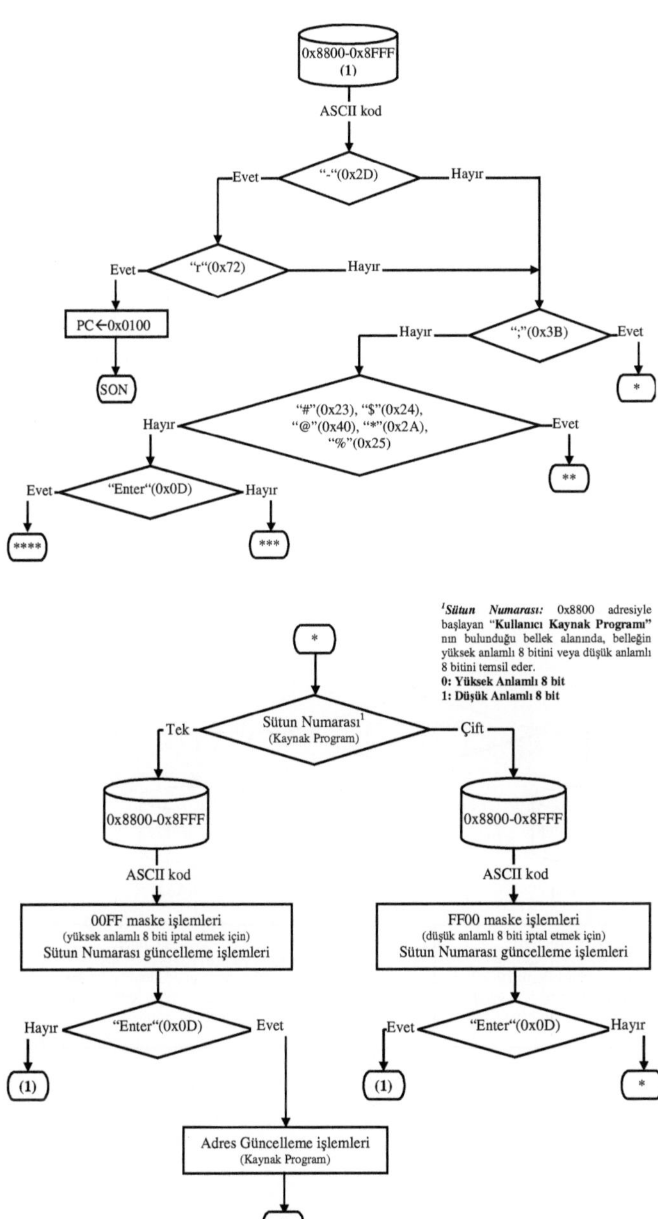

Şekil 4.39. "run" komutunun akış diyagramı-1

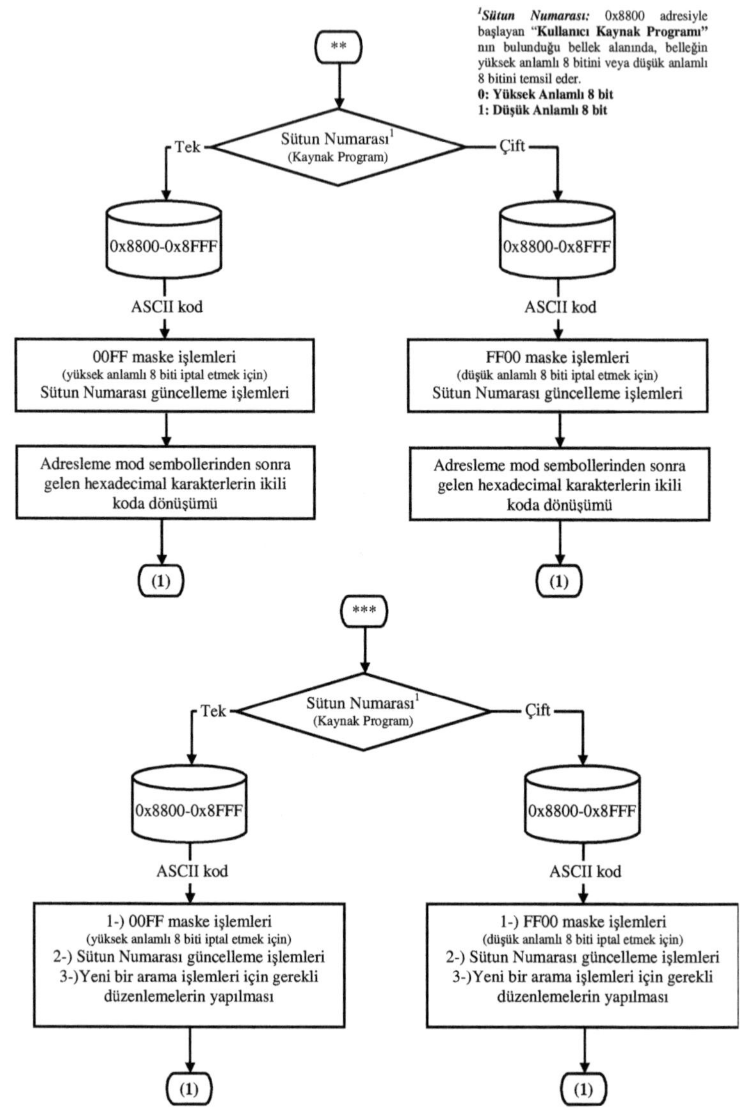

Şekil 4.40. "run" komutunun akış diyagramı-2

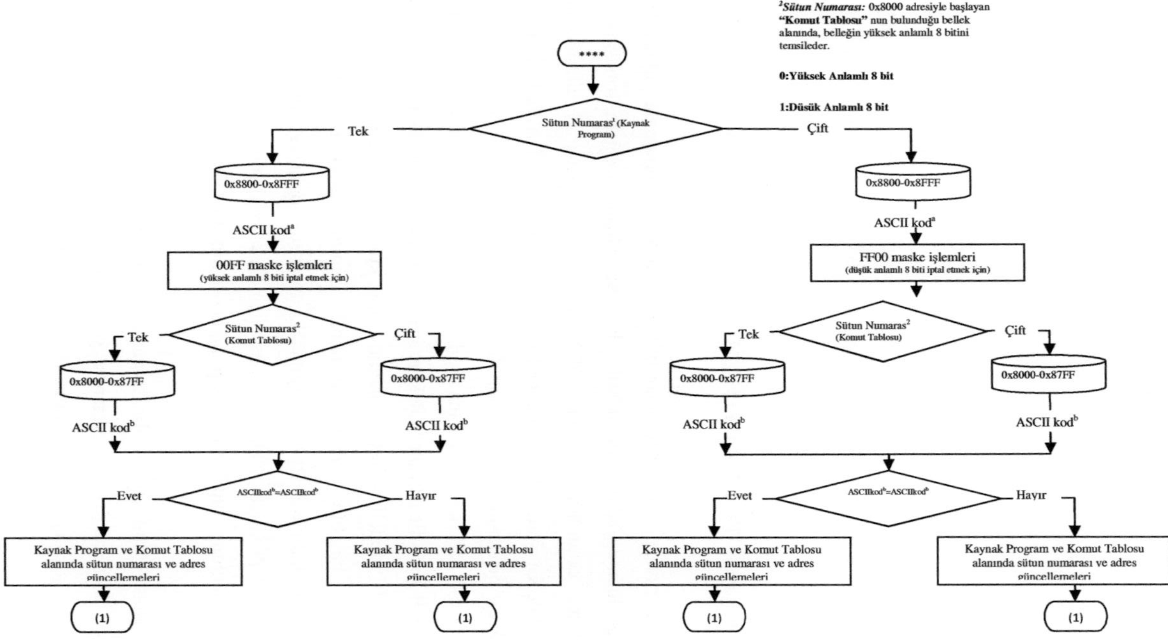

Şekil 4.41. "run" komutunun akış diyagramı-3

BÖLÜM 5. BİLGİSAYAR MİMARİSİNİN KULLANIMINA YÖNELİK UYGULAMALAR(BZK.SAU.FPGA ve BZK&SAUOS)

5.1. Giriş

Bu bölümde bilgisayar mimarisine modülerlik özelliğinin uygulanması ile ilgili bir örnek uygulama ve bu uygulamanın öğrenciler üzerindeki etkilerini görmek adına bir anket uygulaması yapılmıştır. Daha sonra BZK&SAUOS işletim sisteminin kullanılması üzerine bir uygulama yapılmıştır.

5.2. Mikro Bilgisayar Mimarisinin FPGA Ortamında Çalıştırılması

Bu bölümde tasarlanan mikro bilgisayar mimarisinin FPGA ortamına yüklenerek çalışmasının gözlenmesi adım adım anlatılacaktır. Bu çalışmada Altera firmasına ait FPGA geliştirme ortamlarından olan DE2 modelinin Cyclone II ailesine ait E2C35F672C6 ile Cyclone III ailesine ait EP3C120F780C7 aygıtları kullanılmıştır. Tasarımın büyük bir kısmı DE2 modeli üzerinde yoğunlaşmış olup Cyclone III modeli sadece 64 KB kapasiteli ana bellek tasarımı için kullanılmıştır. DE2 modelinde 64 KB kapasitedeki bir bellek tasarımı için sistem kaynaklarının yetersiz gelmesi Cyclone III modelinin ilave donanım olarak kullanılmasına neden olmuştur. Yüksek kapasiteli bir FPGA donanımı olması durumunda ekstra FPGA kartı kullanmaya gerek kalmayacaktır. Çalışmadaki tasarım dosyaları Altera FPGA geliştirme kartlarını programlamak için geliştirilen Quartus II programının 11.0-64 bit versiyonu kullanılmış olup TÜBİTAK proje kapsamında lisansı satın alınmıştır.

Bu tez çalışmasının eğitim amaçlı olmasından dolayı tasarımın bütün dosyaları [62] nolu referansa eklenecektir. Bu referansta yer alan dosyalar bilgisayar ortamına indirilerek tasarımın çalışması izlenebilir. Bu işlem için aşağıdaki adım dizisi takip edilmelidir.

Adım–1: [65] nolu referans yardımıyla indirilen Quartus programı bilgisayara kurulmalıdır.

Adım–2: [62] nolu referanstan tez çalışmasına ait 2 adet dosya bilgisayara indirilmelidir. Bu dosyalardan ikincisinde sadece ana bellek kısmı ile ilgili tasarım yer alırken diğer dosyada tasarıma ait ana bellek hariç diğer bütn ksımlar yer almaktadır.

Adım–3: Quartus programı çalıştırılarak "File" menüsünden "Open Project" seçeneği seçilerek ikinci adımda indirilen birinci klasörün içindeki .qpf dosyası(simgeli) seçilerek proje açılmalıdır. Projenin açılan penceredeki konumu Şekil 5.1'de görülmektedir.

Adım–4: Bu pencerede yer alan "Project Navigator" adlı bölümde yer alan BZK_SAU_FPGA projesi seçilerek tasarımın yapıldığı ana pencere aktif olacaktır. Şekil 5.2 mimariye ait birimlerinin blok diyagramlarının yer aldığı ana pencere ekranından bir bölümü göstermektedir. Bu pencerede yer alan blokların üzerine gelerek farenin sol tuşunun çift tıklanması neticesinde bloğa ait donanımsal tasarım ekrana gelecektir.

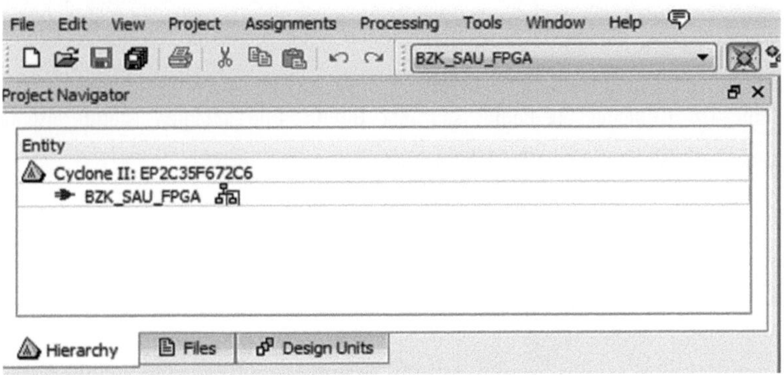

Şekil 5.1. Quartus programında temel proje dosyasının çalıştırılması

Adım–5: Aktif projeyi kapatmadan başka bir Quartus programı çalıştırılarak ikinci klasörde yer alan .qpf uzantılı proje dosyası Adım–3'de anlatıldığı üzere aktif hale getirilmeli ve Adım–4'teki yol izlenerek projenin ana dosyasının bulunduğu dosya pencerede görünecektir.

Adım–6: Quartus programının "Processing" isimli menüsünde yer alan "Start Compilation" seçeneği seçilerek hem birinci dosyadaki hem ikinci dosyada açılan proje dosyasının derlenmesi gerçekleştirilmiş olur.

Adım–7: Bilgisayar ile FPGA kartları arasındaki gerekli USB bağlantıları yapılarak derlenen programın FPGA ortamına aktarımı için gereken son hazırlıklar yapılmalıdır. Bu hazırlıklara ilaveten iki FPGA kartının arasındaki bağlantı ise 2 adet 40 pinlik IDE kablosu ve GPIO-HSMC ara yüz dönüştürücü kart ile sağlanması gerekir. Bu işlem için öncelikle GPIO-HSMC ara yüz kartının Cyclone III geliştirme kartındaki HSMC ara yüzüne bağlantısının gerçekleştirilmesi gerekir. Daha sonra 2 adet IDE kablosunun bir ucunu Cyclone DE2 FPGA kartındaki GPIO ara yüzüne diğerini ise GPIO-HSMC ara yüzündeki 40 pinlik yapıya sahip GPIO ara yüzüne bağlanması gerekir.

Adım–8: "Tools" isimli menünün "Programmer" seçeneği ile ilk önce ikinci proje dosyasının derlenmiş versiyonu olan .sof uzantılı dosya Cyclone III FPGA donanımına, daha sonra birinci proje dosyasının derlenmiş dosyası da Cyclone DE2 FPGA donanımına aktarımı gerçekleştirilmiş olur.

Adım–9: Derlenmiş dosyalar başarılı bir şekilde FPGA ortamlarına aktarımı gerçekleşmişse ekrana DOS işletimi komut satırına benzer ve Şekil 4.26'da gösterildiği üzere bir komut satırı gelecektir.

Adım–10: Kullanıcı bu komut satırında Bölüm 4'de anlatılan işletim sistemi komutlarından birinin kurallar dahilinde bu satıra girmesi gerekir.

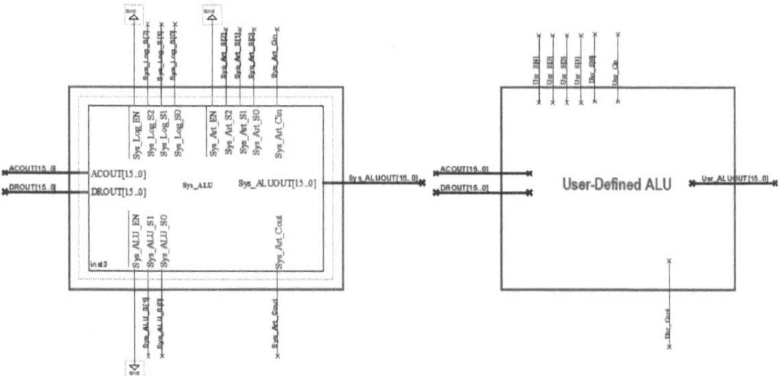

Şekil 5.2. Ana tasarım penceresinden bir bölüm

5.3. Modülerlik Kavramı Üzerine Uygulama ve Anket Çalışması

Bilgisayar Mimarisi kavramına modüler yaklaşım getirmenin öğrenci üzerindeki etkisini ölçme adına 12.05.2010 tarihinde TÜBİTAK proje kapsamında toplam 47 öğrenciye bir uygulama ve anket çalışması yapılmıştır. Bu uygulamada öğrencilerden Altera FPGA kartları için yazılımsal geliştirme ortamı olan Quartus yazılım programında 16 bitlik iki sayıyı toplayan bir toplayıcı devreyi donanımsal olarak tasarlamaları istenmiştir. Toplayıcı devre tasarımı Quartus programında "File" menüsünden "New" seçeneği seçilerek oluşturulan yeni bir boş dosya üzerinde yapılması sağlanmıştır. Burada öğrencilerin programı kullanacak düzeyde ve bu devre tasarımını gerçekleştirecek altyapıya sahip oldukları varsayılarak programın kullanımı ile ilgili örnek dosya oluşturma Bölüm 3'de verilmiştir. Açılan boş dosyada toplayıcı devrenin donanımsal tasarımı gerçekleştirildikten sonra "File" menüsünde yer alan "Create/Update" isimli alt menüde yer alan "Create Symbol File for Current File" seçeneği yardımıyla tasarım dosyası blok diyagram haline getirilmelidir. Elde edilen blok diyagram 2 adet 16 bitlik girişe, 1 adet 16 bitlik çıkışa ve 1 adet elde çıkışına sahiptir. Ayrıca toplama devresinin donanımsal tasarımının yanında internet ortamından temin edilen ve vhdl programlama diliyle kodlanmış aynı özellikli devre ikinci bir uygulama olarak yapılmıştır. İnternet ortamından elde edilen bu dosya da aynı yöntem kullanılarak blok diyagram haline getirildikten sonra tasarımda ilgili yere bağlantısının gerçekleştirilmesi gerekir. Bu sayede mikro işlemci birimi, toplama işlemine gereksinim duyduğunda, işlemi kendi toplayıcı elemanında değil de kullanıcı tanımlı toplayıcı devrede gerçekleştirecektir. Kullanıcı tabanlı bu tasarımların mevcut mikro bilgisayar mimarisine entegresi şu aşamalardan oluşmaktadır:

Adım–1: Tasarlanan devrenin blok şeması ana tasarım dosyası üzerinde boş bir yere çift tıklanarak açılan pencerede yer alan "Project" isimli klasörde görülecektir. Bu dosya seçilerek ana tasarım dosyasına eklenmesi sağlanmış olur. Kullanıcı tanımlı oluşturulan blok şemalarını içeren pencere ekran görüntüsü Şekil 5.3'de görülmektedir.

Adım–2: Eklenen kullanıcı tanımlı blok şema Şekil 5.4'de görülen ALU biriminin User_defined_ALU isimli soketine bağlantısının gerçekleştirilmesi gerekir. Bu işlem için kullanıcı tanımlı bloğun girişleri ACOUT[15..0] ve DROUT[15..0] isimli bağlantılara, bloğun çıkışı ile elde çıkışı ise sırasıyla Usr_ALU_OUT[15..0] ve Usr_Cout isimli bağlantıların yapılması gerekir. Bu birimdeki Usr_S[3], Usr_S[2], Usr_S[1] ve Usr_S[0] bağlantılarının tek bir işleme sahip ALU tasarlandığından dolayı yapılmasına gerek yoktur.

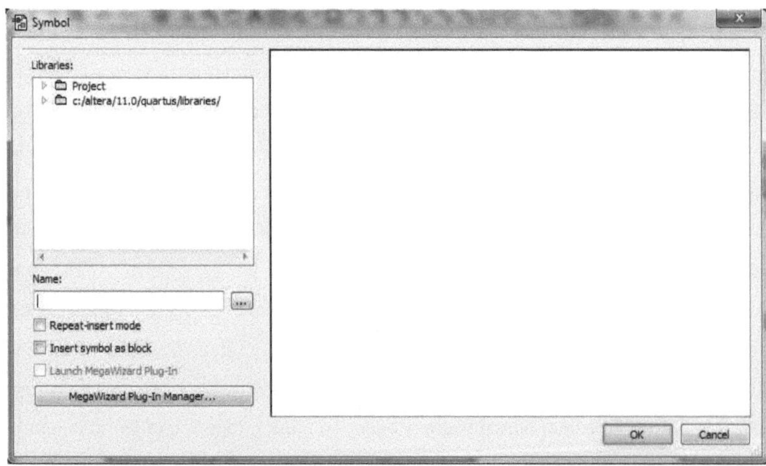

Şekil 5.3. Kullanıcı tanımlı blok şemalarının eklenmesi

Adım–2: Şekil 5.4'deki mikro bilgisayar mimarisinin modüler ALU ara yüzündeki Sys_Usr_Ctrl_Unit isimli birimde bulunan 18 bit uzunluğundaki Sys_Usr_Ctrl kaydedicisinin en düşük anlamlı bitini(toplama devresi) lojik 1 yap.

Adım–3: Bölüm 5.2'de anlatılan mikro bilgisayarı FPGA kartlarına aktarım adımlarından 6, 7 ve 8. adımlarını uygulayarak açılan ekranda "new" komutu yazılarak aşağıdaki basit programı gerçekleştirelim:

lda #1234h;\\Ac'ye 0×1234 verisi atılıyor.

add #0123h;\\Ac'deki veri ile 0×0123 verisi toplanarak Ac'ye atılıyor.

hlt.\\program sonlandırılıyor.

Adım–4: Program yazımı tamamlandıktan sonra "Esc" tuşuna basılarak sistemin tekrar komut satırına geçilir. Komut satırında "run" komutu yazılarak yazılan programın derlenmesi ve çalıştırılması gerçekleştirilecektir.

Adım–5: Altera DE2 FPGA kartında yer alan HEX3, HEX2, HEX1 ve HEX0 isimli yedi segmentli göstergelerde AC'in içeriğini gözlemle. (Bu göstergelerde AC, DR,

PC ve Bellek olmak üzere 4 birimin içeriğinin kart üzerinde yer alan SW17 ve SW16 isimli anahtarların konumuna bağlı olarak gözlemlenebilmesine izin verilmektedir. AC'in bu yedi segmentli göstergelerde gözlemlenebilmesi için SW17 ve SW16 anahtarları lojik 1 konumunda olamalıdır.)

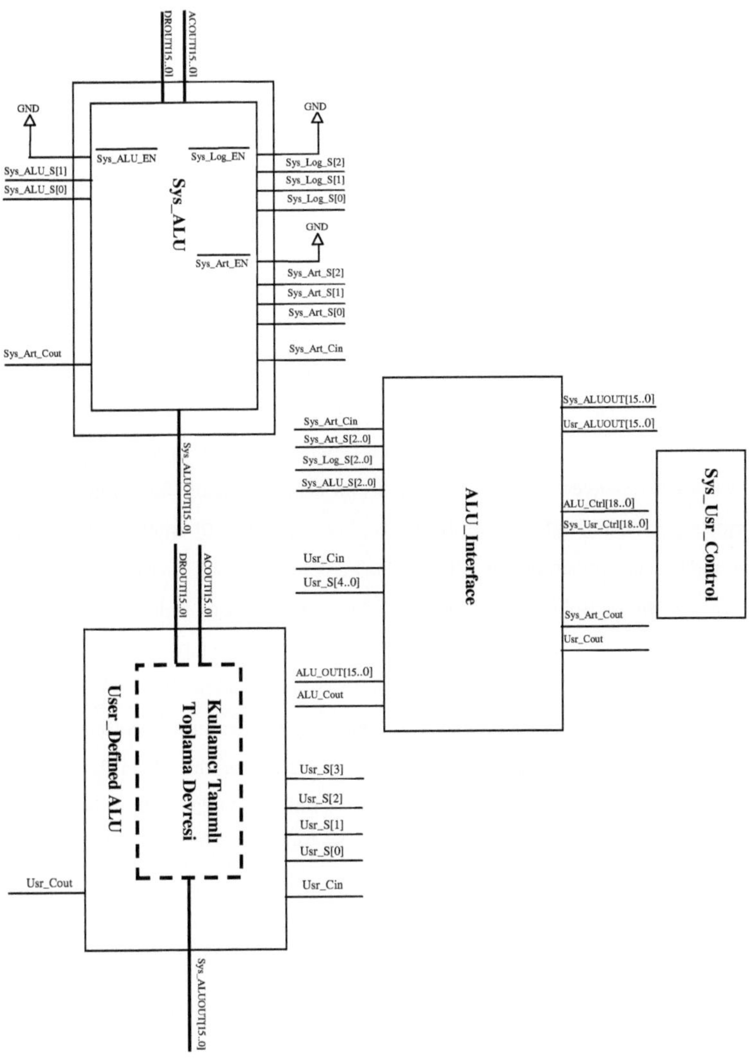

Şekil 5.4. Kullanıcı tabanlı toplayıcı devresinin mevcut sisteme entegresi

Hem donanımsal hem de yazılımsal toplama devresinin mikro bilgisayar mimarisi sisteminin işlem akışında bir problem meydana getirmemiş olup üzerinde yüklü amaç programı çalıştırması başarılı bir şekilde tamamlanmıştır. Modüler yaklaşım getirilerek kullanıcı tabanlı tasarımların sistemin işlem akışında yer aldığını göstermek adına ilave bir uygulama yapılmıştır. Tasarlanan toplayıcı devreleri sonucun 2 fazlası olacak şekilde yeniden düzenlenip tasarım yeniden derlenip FPGA kartlarına aktarıldıktan sonra kullanıcı ara yüzünde aynı program yazıldığında sistemin toplama işlemini kullanıcı tabanlı devre üzerinde gerçekleştirdiğinde sonucun gerçek değerinden 2 fazla olduğu görülecektir. Eğer sistemin ALU biriminde Sys_Usr_Ctrl_Register biriminde en düşük anlamlı bit tekrar lojik 0 yapıldığında sistemin toplama işlemini kendi toplayıcı devre üzerinde gerçekleştirdiği bir önceki uygulamada bulunan 2 fazlalıklı sonucun olması gereken değeri gösterdiğinden anlaşılmaktadır.

Yukarıdaki iki uygulama ALU birimine yapılacak kullanıcı tabanlı tasarımların eklenmesine yönelik uygulamalardır. User_Defined_ALU birimine birden fazla aritmetik ve/veya mantıksal işlem içeren kullanıcı tabanlı ALU tasarımı yapıldığında doğal olarak işlemleri seçmeye yarayan seçim uçları olacaktır. Bu seçim uçları bu birimde yer alan Usr_S[3], Usr_S[2], Usr_S[1] ve Usr_S[0] isimli bağlantılardan gerektiği kadar kullanılmalıdır. Birden fazla işlem içeren bir tasarım yapıldığında işlemlerin sırası Bölüm 4'de anlatılan sistem ALU birimindeki işlem sırasıyla paralellik taşımalıdır. Örneğin sistem tanımlı ALU biriminde toplam işlemi 1. sırada, çarpma işlemi 17. sırada ve bölme işlemi de 18. Sırada olan bir işlemdir. Kullanıcı bu üç işlemi içeren bir ALU ünitesi tasarladığında seçim uçlarının sırası sistemdeki gibi olmalıdır. Başka bir deyişle toplama işlemi 1. sırada, çarpma işlemi 2. sırada ve bölme işlemi 3. sırada olmalıdır. Diğer birimlerinin de kullanıcı tabanlı alternatif tasarımları aynı yöntemle ilgili yere eklenebilir. Bununla ilgili detaylı bilgi Bölüm 4'de verilmiştir.

Donanımsal ve yazılımsal toplayıcı devre tasarımlarının sisteme entegre edilmesinden sonra öğrencilere bir anket çalışması yapılmış olup öğrencilere yöneltilen anket soruları Tablo 5.1'de verilmiştir.

Tablo 5.1. Mikro bilgisayar mimarisinin FPGA ortamına gömülmesi ve modülerlik özelliğinin katılması üzerine anket soruları

	QUESTIONS(SORULAR)	1	2	3	4	5
1)	Was you enjoy using FPGA board? *(FPGA kartlarını kullanmaktan zevk aldınız mı?)*					
2)	Was BZK.SAU.FPGA10.1 system easy to use? *(BZK.SAU.FPGA10.1 sistemini kullanmak kolay mı?)*					
3)	Was the tutorial helpful to convert the practice the theoretical knowledge about CPU design? *(Hazırlanan doküman, işlemci tasarımı hakkındaki teorik bilgileri uygulamada yardımcı oldu mu?)*					
4)	Did BZK.SAU.FPGA10.1 system help you better to understand computer architecture concepts and theories? *(BZK.SAU.FPGA10.1 sistemi bilgisayar mimarisi kavramlarını daha iyi anlamada yardımcı oldu mu?)*					
5)	Was the tutorial misleading? *(Doküman doyurucu mu?)*					
6)	Was the modular approach to CPU design helpful ? *(İşlemci tasarımına modüler yaklaşım katılmasını faydalı buldunuz mu?*					
7)	Was to see the operation of your design by adding to BZK.SAU.FPGA10.1 system useful? *(Tasarımlarınızı sisteme ekleyerek çalışmasını görmek faydalı mı?)*					
8)	Do you want using the modular approach to other concepts in the computer architecture? *(Modüler yaklaşımın bilgisayar mimarisindeki diğer konularına da uygulanmasını ister misiniz?)*					

Anketteki her bir sorunun değerlendirilmesi 1(Kesinlikle katılmıyorum) ile 5(Kesinlikle katılıyorum) arasındaki notlarla değerlendirilmiştir. Öğrencilerin ankette yer alan soruların her birine vermiş oldukları cevapların grafiksel gösterimi Şekil 5.5a, 5.5b, 5.5c, 5.5d, 5.5e, 5.5f, 5.5g ve 5.5h'da görülmektedir.

FPGA kartlarını kullanmaktan zevk aldınız mı?

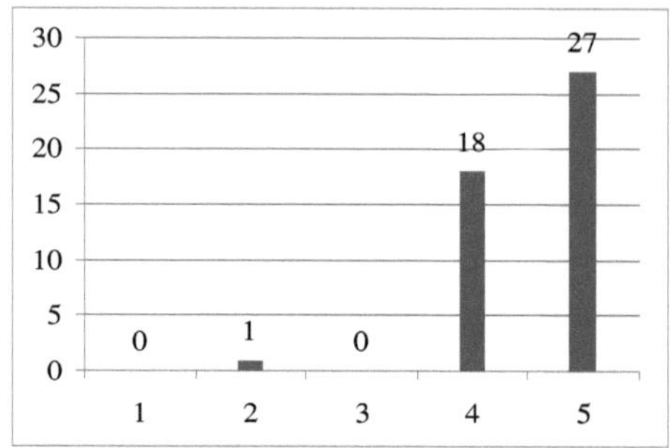

1: Kesinlikle hayır 5: Kesinlikle evet

Şekil 5.5a. 1. soruya verilen not dağılımı

BZK.SAU.FPGA10.1 sistemini kullanmak kolay mı?

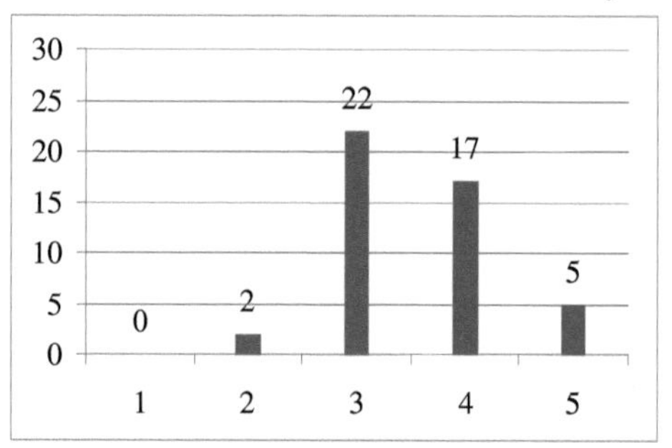

1: Kesinlikle hayır 5: Kesinlikle evet

Şekil 5.5b. 2. soruya verilen not dağılımı

Hazırlanan doküman, işlemci tasarımı hakkındaki teorik bilgileri uygulamada yardımcı oldu mu?

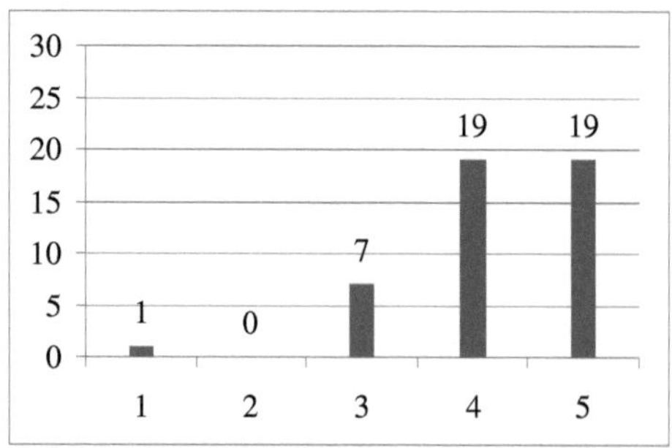

1: Kesinlikle hayır 5: Kesinlikle evet

Şekil 5.5c. 3. soruya verilen not dağılımı

BZK.SAU.FPGA10.1 sistemi, bilgisayar mimarisi kavramlarını anlamada yardımcı oldu mu?

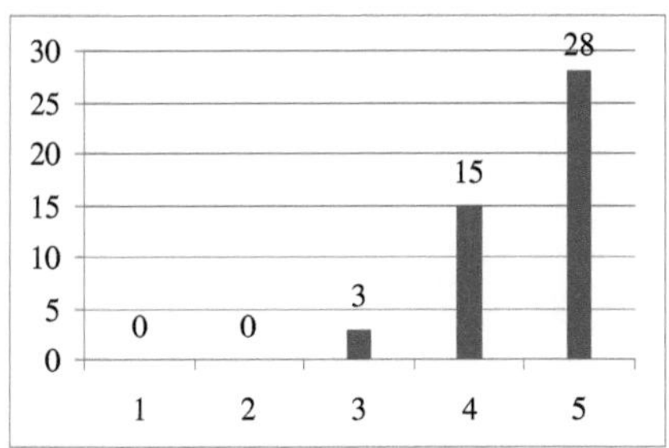

1: Kesinlikle hayır 5: Kesinlikle evet

Şekil 5.5d. 4. soruya verilen not dağılımı

Döküman doyurucu mu?

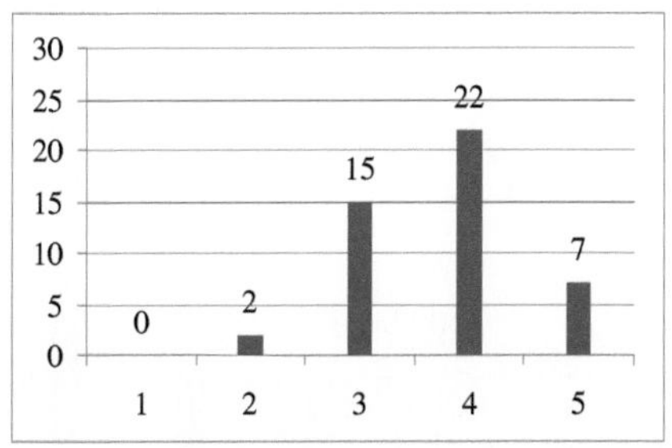

1: Kesinlikle hayır 5: Kesinlikle evet

Şekil 5.5e. 5. soruya verilen not dağılımı

İşlemci tasarımına modüler yaklaşım katılmasını faydalı buldunuz mu?

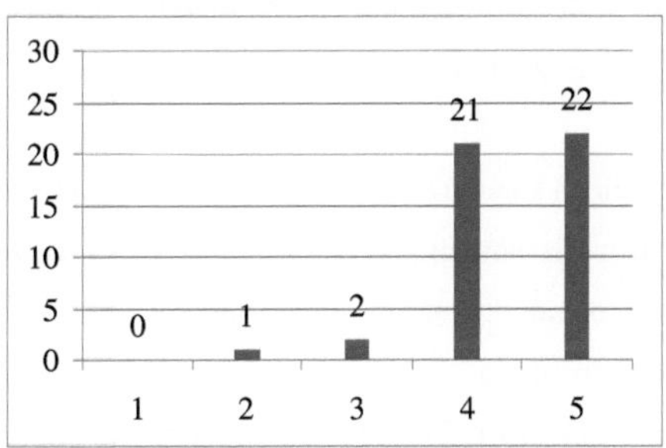

1: Kesinlikle hayır 5: Kesinlikle evet

Şekil 5.5f. 6. soruya verilen not dağılımı

Tasarımlarınızı sisteme ekleyerek çalışmasını görmek faydalı mı?

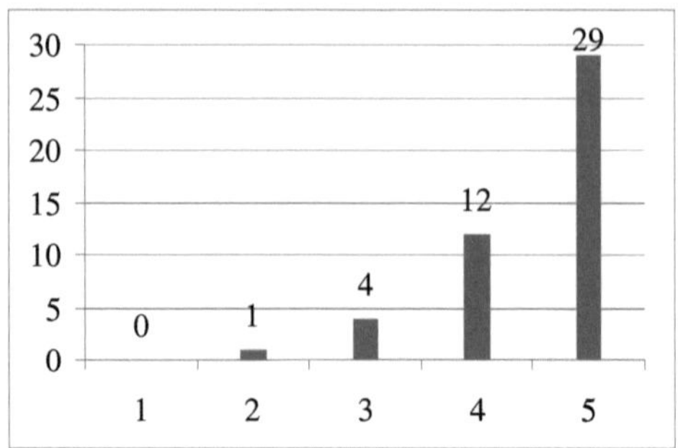

1: Kesinlikle hayır 5: Kesinlikle evet

Şekil 5.5g. 7. soruya verilen not dağılımı

Modüler yaklaşımın bilgisayar mimarisindeki diğer konularına da uygulanmasını ister misiniz?

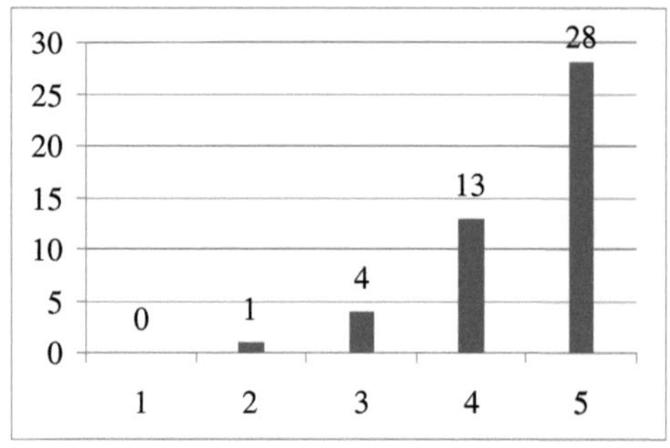

1: Kesinlikle hayır 5: Kesinlikle evet

Şekil 5.5h. 8. soruya verilen not dağılımı

Grafikler yorumlandığında karşımıza çıkan sonuçları sıralarsak;

- FPGA geliştirme kartlarının Bilgisayar Mimarisi ve Organizasyonu derslerinde uygulama ortamı olarak kullanılması tasarımların simülatif dünyadan ziyade gerçek dünya şartları altında çalışmalarını görmeleri nedeniyle öğrencilerin bu kartlara olan ilgisi çekmiştir. Bu sonuç bu geliştirme ortamlarının bu ve benzeri ortamlarda kullanılması durumunda derse karşı olan ilginin artmasına yardımcı olacağını göstermektedir.

- Modülerlik kavramının getirilmesi ile kullanıcının sisteme müdahil olabilmesini getirmesi mikro bilgisayar mimarisi kavramlarının öğrenme sürecinde motivasyonunun artmasına yardımcı olacaktır.
- Modülerlik özelliği sayesinde öğrencinin kendine özgü tasarladığı bir mimari bileşenini mevcut sistemin eşdeğer bileşeninin yerine entegre ederek, sistemin kendi bileşeni üzerinden sorunsuz çalıştığını görmesi komple bir mikro bilgisayar mimarisi tasarımı inşa etme konusunda özgüveni geliştirdiği görülmüştür.
- Modülerlik kavramının sadece Bilgisayar Mimarisi ve Organizasyonu dersi için değil benzer dersler için de uygulanması durumunda bu derslerde gösterilen kavramların anlaşılmasına yardımcı olacağı belirtilmiştir.

Ankete katılan ve katılmayan öğrencilerin yıl sonunda aldıkları notların kıyaslamasını gösteren grafik Şekil 5.6'da görülmektedir. Ayrıca ankete katılan öğrencilerin vize ve final sınavlarından aldıkları notların harf karşılıklarının grafiksel dökümü Şekil 5.7'de verilmiştir. Her bir harf notunun karşılığının rakamsal karşılıkları ile sınıfın vize sınavı ortalaması 1.47, final sınavı ortalaması ise 2.58 olarak hesaplanmıştır. Öğrencilerin sınavdan almış oldukları notlarda ortalama % 75 civarında bir artış meydana gelmiştir. Yapılan uygulamanın vize sınavından sonra göz önünde bulundurulduğunda modüler yapının öğrenci üzerinde pozitif bir etki yaptığı görülmektedir. (AA:4.00; BA:3.50; BB:3.00; CB:2.50; CC:2.00; DC:1.50; DD:1.00; FF:0.00)

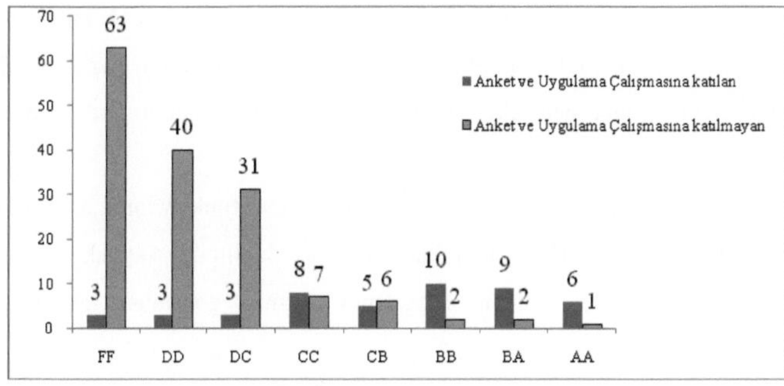

Şekil 5.6. Anket ve uygulama çalışmasına katılan ve katılmayan öğrencilerin yıl sonu başarı grafiği

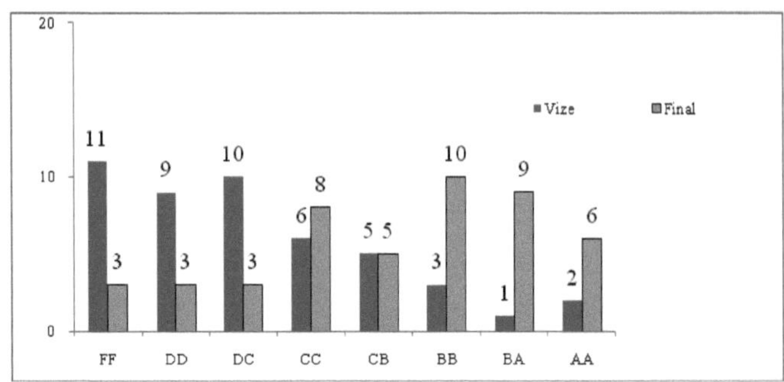

Şekil 5.7. Ankete katılan öğrencilerin vize ve final notlarının kıyaslanması

5.4. BZK&SAUOS İşletim Sistemi Uygulaması

Bu uygulamada BZK&SAUOS işletim sisteminde amaç programı oluşturmak için gereken yeni bir dosya oluşturma, oluşturulan bu dosya için işletim sistemi tarafından yapılan işlemler, yazılan amaç programın derlenmesi ve mimari tarafından çalıştırılması süresince meydana gelen alt seviyedeki işlemler detaylı bir şekilde açıklanacaktır. Örnek program olarak $f(x)=x^2+x+1$ fonksiyonunu x=5 için hesaplayan programı assembly dili ile yazılacaktır. Bu işlemlerin genel hatlarıyla akış sırası şu şekilde sıralanmıştır:

Aşama–1: Bölüm 5.2'de verilen adım dizisi uygulanarak mikro bilgisayar mimarisi FPGA kartlarına aktarımdan sonra ekrana komut satırı gelecektir. Komut satırında küçük harflerle new komutu yazıldığında kullanıcının programını yazabileceği text ekran ara yüzü ekrana gelecektir.(Bkz-Şekil 4.34) Bu işlemin ardından sistem kullanıcı modundadır.

Aşama–2: Text ekran ara yüzünde kullanıcı verilen fonksiyonun assembly dili karşılığını Bölüm 4.2.5.1'de anlatılan kurallar dahilinde kaynak programını yazmalıdır. Ara yüzde yazılan programın bitmiş görüntüsü Şekil 5.8'de görülmektedir.

Aşama–3: Kaynak program yazıldıktan sonra "Esc" tuşu ile sistem tekrar komut satırına düşer. Burada "save.ilkdosya.asm" yazılarak kaynak program flash belleğe kaydedilir.

Aşama–4: Komut satırında "run" komutu yazılarak kaynak program çalıştırılır.

```
lda #0005h;\\AC<--0x0005
mul #0005h;\\AC<--AC*0x0005
sta $E100h;\\M[0xE100]<--AC
lda #0005h;\\AC<--0x0005
add $E100h;\\AC<--AC+M[0x100]
incr;\\AC<--AC+1
hlt.
```

Şekil 5.8. Örnek programın text ara yüzünde yazılmış hali

Şimdi bu uygulamanın gerçekleşmesi gereken dört aşamada gerçekleşen işlemleri ayrıntılı bir şekilde incelenecektir.

5.4.1. İlk aşama

Komut satırında "new" komutu yazıldığında işletim sistemi tarafından yapılan temel iki işlem vardır. Birincisi yazılan komutun yorumlanması ve yorumlandıktan sonra ekranın temizlenmesi işlemleridir. Bu işlem yapılırken işletim sistemi tarafından yapılan işlemler;

Adım–1: Klavyeden her bir karaktere basıldığında ilk yapılan iş, basılan karakterin ASCII kodunu almaktır. Karakterlerin bit haritaları, belleğe ASCII tablosundaki düzende yerleştirilmiştir. Alınan ASCII koduna bağlı olarak basılan karakterin bellekteki bit haritasının yeri tespit edilir ve buradan alınan karakter bit haritası bellekte ekran için ayrılan alana ekran satır ve sütun göstergeçlerinin durumuna bağlı olarak ilgili alana yazılır. Bu işlemlerin sistemin assembly dilindeki komutlarla ifade edilişi EK-2'de gösterilmektedir. Bellekte ekran için ayrılan alan monitör donanımı tarafından sürekli tarandığından dolayı klavyeden basılan her bir karakter ekrana basılacaktır. ASCII kod alınıp karakterin bit haritası ekrana basıldıktan sonra alınan ASCII kodun kaydedilmesi işlemi bir sonraki işlemdir. Alınan ASCII kod ana bellek organizasyonunda da değinildiği üzere ya 0×6000–0×67FF ya da 0×7000–0×77FF adres aralığına kaydedilecektir. Eğer sistem komut satırında çalıyorsa 0×7000–0×77FF adres aralığına aksi takdirde 0×6000–0×67FF adres aralığına kaydedilecektir. Şu ana klavyeden girilen karakterlerin bellek görüntüsü Şekil 5.9'da görülmektedir. Basılan karakterlerin ekran alanındaki görüntüsü ise Şekil 5.10'da görülmektedir.

ASCII (←16 bit →)

Adres		
0×7000	C	:
0×7001	\	>
0×7002	n	e
0×7003	w	↲
....		
0×7020	C	:
0×7021	\	>

Hex (←16 bit →)

Adres		
0×7000	43	3A
0×7001	5C	3E
0×7002	6E	65
0×7003	77	0D
....		
0×7020	43	3A
0×7021	5C	3E

Şekil 5.9. "new" komutunun girilmesi sürecinde 0×7000–0×77FF adres aralığının değişimi

←16 bit → (1.satır)

Adres		
0×A000 – 0×A00F	C	:
0×A010 – 0×A01F	\	>
0×A020 – 0×A02F	n	e
0×A030 – 0×A03F	w	

←16 bit → (2.satır)

Adres		
0×A200 – 0×A20F	C	:
0×A210 – 0×A21F	\	>
0×A220 – 0×A22F	n	e
0×A230 – 0×A23F	w	

Şekil 5.10. "new" komutunun girilmesi sürecinde 0×A000–0×BFFF adres aralığının değişimi

Adım–2: Komut satırında "new" komutu yazıldıktan sonra "Enter" tuşuna(ASCII kodu, 0x0D) basılır. Bundan sonra artık komutun çözümleme süreci başlamıştır. Komut çözümlendikten sonra EK-4'de assembly komutlarla ifade edilen "new" alt programı kontrolü devralacaktır. Bu alt program ekran alanı olan 0×A000–0×BFFF adres aralığını temizleyerek imleci ilk satır ve ilk sütuna konumlandıracaktır.

5.4.2. İkinci aşama

Bu aşamada sistem artık kullanıcı modunda olup kullanıcının klavyeden girilen bütün karakterlerin ASCII kodları 0×6000–0×67FF adres aralığına kaydedilecektir. Karakterlerin karakter haritaları ise her zaman olduğu gibi bellekte ekran alanı olan 0×A000–0×BFFF adres aralığına kaydedilecektir. Örnek program yazımı için belleğin bu bölgelerindeki değişimin bir parçası Şekil 5.11 ve 5.12'de verilmiştir.

	ASCII ←16 bit →			Hex ←16 bit →	
0×6000	l	d	0×6000	6C	64
0×6001	a		0×6001	61	20
0×6002	#	0	0×6002	23	30
0×6003	0	0	0×6003	30	30
0×6004	5	h	0×6004	35	68
0×6005	;	\	0×6005	3B	5C
0×6006	\	A	0×6006	5C	41
0×6007	C	<	0×6007	43	3C
0×6008	-	-	0×6008	2D	2D
0×6009	0	x	0×6009	30	78
0×600A	0	0	0×600A	30	30
0×600B	0	5	0×600B	30	35
0×600C	↵		0×600C	0D	
	....			....	
0×6020	m	u	0×6020	6D	75
0×6021	l		0×6021	6C	20
	....			....	

Şekil 5.11. Örnek programın yazımı esnasında 0×6000–0×67FF adres aralığının değişimi

Adres	←16 bit → (1. satır)		Adres	←16 bit → (2. satır)	
0×A000–0×A00F	l	d	0×A200–0×A20F	m	u
0×A010–0×A01F	a		0×A210–0×A21F	l	
0×A020–0×A02F	#	0	0×A220–0×A22F	#	0
0×A030–0×A03F	0	0	0×A230–0×A23F	0	0
0×A040–0×A04F	5	;	0×A240–0×A24F	5	;
0×A050–0×A05F	\	\	0×A250–0×A25F	\	\
0×A060–0×A06F	A	C	0×A260–0×A26F	A	C
0×A070–0×A07F	<	-	0×A270–0×A27F	<	-
0×A080–0×A08F	-	0	0×A280–0×A28F	-	A
0×A090–0×A09F	x	0	0×A290–0×A29F	C	*
0×A0A0–0×A0AF	0	0	0×A2A0–0×A2AF	0	x
0×A0B0–0×A0BF	5	↵	0×A2B0–0×A2BF	0	0
0×A0C0–0×A0CF			0×A2C0–0×A2CF		
0×A0D0–0×A0DF			0×A2D0–0×A2DF		

Şekil 5.12. Örnek programın yazımı esnasında 0×A000–0×BFFF adres aralığının değişimi

5.4.3. Üçüncü aşama

Kullanıcı text ara yüzünde kaynak programını yazdıktan sonra yazılan kaynak programın bu çalışmada depolama birimi olarak kullanılan flash belleğe kaydedilmesi gerekmektedir. Bunun için kullanıcının "Esc" tuşuna basarak sistemin tekrar komut satırı moduna geçmesi sağlanmış olur. Bu geçiş yapılırken yapılan temel iki işlem vardır. Bunlardan birincisi ekranın temizlenmesi, diğer işlem ise 1. aşamada 0×7000–0×77FF adres aralığında yer alan komut satırı ASCII kodları alınarak bunların bit haritalarının ekran alanı bölgesine kaydedilmesidir. Bu işlemlerin ardından komut satırı, komut girmeye hazır hale gelecektir. Bu satırda "save ilkdosya.asm" formatında komut yazımı gerçekleştikten sonra "Enter" tuşuna basılarak komutun çözümlenme işlemi başlatılmış olur. Çözümleme işleminden sonra dosya ismi alınarak boot sektör yardımıyla flash bellekte FAT tablosuna kaydedilir. FAT tablosunda gerekli işlemler yapıldıktan sonra 0×6000–0×6FFF adres aralığındaki kullanıcı kaynak programı ASCII kodları flash belleğe kaydedilme süreci başlayacaktır.

5.4.4. Son aşama

Bu uygulamada gerçekleştirilen örnek uygulamanın mimari üzerinde çalıştırılabilmesi için ikili koda yani makine koduna dönüştürülmesi gerekmektedir. Bu işlem için komut satırında "run" komutu verilerek dönüştürme işlemi başlatılmış olur. Bu komut 0×6000–0×6FFF adres aralığındaki kaynak programın ASCII kodlarını alarak EK-5'de yer alan "run" alt programı vasıtasıyla makine koduna dönüştürülür. Dönüştürme sonucunda elde edilen makine kodları belleğin 0×0100 nolu adresinden itibaren yerleştirmeye başlar. Örnek programın bir parçasının makine kodu Şekil 5.13'deki bellek içeriğinde gösterilmiştir. Bu bellek içeriği EK-1'de yer alan komut tablosundaki komutların makine kodları ile karşılaştırılabilir.

BÖLÜM 6. SONUÇ VE ÖNERİLER

6.1. Sonuçlar

FPGA geliştirme kartları Elektronik Mühendisliği ve Bilgisayar Bilimleri gibi bölümlerde dijital lojik devre tasarımının öğrenilmesinde kolaylık sağladığı ve ilgili derslerde motivasyonu artırdığı görülmüştür[15]. Ayrıca FPGA geliştirme kartlarının yeniden yapılandırılabilir özelliğe sahip olması nedeniyle öğrencilerin farklı farklı tasarımlarını ek bir maliyet getirmeden mevcut geliştirme kartları üzerinde gerçekleştirmelerine imkan vermektedir. FPGA geliştirme kartlarının eğitime yönelik bu özellleri nedeniyle, 2009 yılında "Bilgisayar Mimarisi Simülatörü" adlı yüksek lisans tez çalışmasında tasarlanan 8 bit yapısındaki mikro bilgisayar mimarisi, bu tez kapsamında yeniden yapılandırılabilir özellikli donanım olan FPGA ortamına 16 bit olarak aktarıldı. FPGA ortamına aktarılan mikro bilgisayar mimarisine modüler bir yapı kazandırıldı. Modülerlik sayesinde mevcut bilgisayar mimarisinin işleyişini aksatmadan kullanıcının kendine özgü tasarladığı birimi entegre edebilme olanağına kavuşturulmuştur. Bu sayede kullanıcının komple sistemin içinde kaybolmadan kendine özgü tasarımlarının çalışmasını izleme olanağı elde edecektir. Ayrıca mevcut sistemin bileşenleri Bölüm 4'de anlatıldığı üzere modüler yapıda tasarlandığından sistemin boyutu üzerinde değişiklik yapılabilecektir. Dolayısıyla Bilgisayar Mühendisliği ve Bilgisayar Bilimleri gibi bölümlerde okutulmakta olan Bilgisayar Mimarisi ve Organizasyonu, Lojik Devreler gibi benzer derslerde öğrenci üzerindeki motivasyonun artmasına sebep olacaktır. Modüler yaklaşımın hem öğrenciler açısından hem de eğiticiler açısından sağlamış olduğu faydaları sıralamak istersek;

— Bir mikro bilgisayar mimarisindeki birimlerin alternatifleri tasarlanarak entegre edilmek suretiyle mimarinin sıfırdan tasarlanma zorluğu bertaraf edilmiş olur. Başka bir deyişle mevcut sistemdeki her bir birim, kullanıcı tabanlı alternatif tasarımları ile yer değiştirilmeleri suretiyle kullanıcı tabanlı mikro bilgisayar mimarisi elde edilmiş olması

— Kullanıcı tabanlı alternatif tasarımların test edilme işlemi hazır kurulu mevcut sistem üzerinde gerçekleştirileceğinden dolayı tasarımın test edilme süreci için gereken zaman minimuma indirmesi

— Kullanıcı tasarladığı birimlerin mevcut sistemin çalışmasını aksatmadığını görmesi yukarıda bahsedilen derslere karşı motivasyonunu artırması gibi sonuçları karşımıza çıkaracaktır.

Mikro bilgisayar mimarisine modülerlik yaklaşımı katılmasının öğrenci üzerindeki etkisini ölçme adına 12.05.2010 tarihinde TÜBİTAK proje kapsamında toplam 47 öğrenciye bir uygulama ve anket çalışması yapılmıştır. Anket çalışmasından elde edilen sonuçları özetlersek;

1. Öğrencilerin FPGA geliştirme kartlarının kullanımına yönelik büyük bir ilginin olduğu;
2. Modülerlik yaklaşımı bilgisayar mimarisindeki kavramların öğrenilmesinde kolaylık sağladığı ve ayrıca modülerlik kavramının bilgisayar ve benzer bilim dallarındaki diğer derslere de uygulanması gerektiği;
3. Mikro bilgisayar mimarisi kavramlarının işleyişi hakkında öğrencilerin motivasyonunun arttırdığı
4. Bu gibi uygulamalı ortamların öğrencilerin başarı notlarına olumlu yansıdığı gibi durumlar elde edilmiştir.

Mikro bilgisayar mimarisine modülerlik özelliği katıldıktan sonra temel seviyede bir işletim sistemi yazılmıştır. Oluşturulan işletim sisteminin en temel özelliği özgün bir mikro bilgisayar mimarisi donanımına has yazılmış olmasıdır. Projenin bu özelliği nedeniyle literatürde bu alanda yapılan çalışmalar içinde bir ilk olmasıdır. Bunda güdülen temel amaç, bir işletim sisteminin sıfırdan herhangi bir donanım üzerine nasıl oluşturulacağı konusunda eğitimsel bir doküman oluşturulmasına dayanmaktadır. Bu çalışmanın literatüre kazandıracağı etkileri şunlardır:

— Kullanıcının spesifik veya mevcut bir bilgisayar mimarisi üzerine bir işletim sisteminin sıfırdan nasıl yazılması gerektiğine dair bir rehber vazifesi görür.

— Eğiticilerin bu derste gösterdikleri kavramlara bir uygulama ortamı sunmasından dolayı, bu derste gösterilen kavramların anlaşılmasını artırarak öğrencilerin motivasyonunun artmasına neden olur.

— Bir işletim sisteminin sıfırdan nasıl yazılacağını bilen kullanıcıların yetişmesi uzun vadede ulusal ekonomiye ve bilimsel birikime katkı sağlayacaktır.

— Özgün sistemler üretebilen mühendislerin yetişmesinde katkı sağlayacaktır.

— Çalışmanın geliştirilebilir olması nedeniyle ulusal ve uluslar arası yayın sayısı açısından ülkeye pozitif anlamda katkı sağlaması muhtemeldir.

— Çalışma kapsamında elde edilen sonuçlar Elektronik ve Bilgisayar Mühendisliği gibi benzer bilim dallarındaki eğitime katkı sağlayacaktır.

6.2. Öneriler

Çalışma genel olarak değerlendirildiğinde;

Literatürde eğitimsel mikro bilgisayar mimarisi tasarımları bulunmasına karşın bu tasarımlara kullanıcının entegre olabilmesine olanak sağlayacak derecede esnek yapılar olmadığı görülmektedir. Ayrıca bir bilgisayar mimarisi üzerine sıfırdan bir işletim siteminin nasıl yazılacağı konusunda rehber niteliği taşıyacak eğitimsel bir doküman literatürde bulunmamaktadır.

Bu çalışmanın ilk aşamasında literatürdeki eğitimsel mikro bilgisayar mimarisi tasarımlarından farklı olarak kullanıcının kendine özgü tasarımlarını sistemin çalışmasını aksatmadan entegre edebileceği modüler yapı bir bilgisayar mimarisi tasarlanmıştır. Modülerlik özelliği sayesinde kullanıcının büyük bir sistemi en başından tasarlamak yerine, sistemdeki her biri birimi kendine özgü tasarımlarını sisteme entegre ederek kullanıcı tabanlı bir sistem elde ete yolundaki motivasyonunu artıracaktır. Ayrıca modüler yapının bilgisayar bilimleri ve benzer bilim dallarındaki diğer derslerdeki kavramlar üzerinde yapılacak çalışmalara örnek teşkil edeceği düşünülmektedir.

İkinci aşamada ise birinci aşamada gerçekleştirilen özgün bilgisayar mimarisi üzerine temel seviyede sıfırdan bir işletim sistemi yazılmıştır. Çalışmanın bu aşaması literatürde bu alandaki eğitimsel doküman eksikliğini kapatmada faydalı olacağı düşünülmektedir. Ayrıca bu eğitimsel rehber çalışma vasıtasıyla, bu alanda yapılacak diğer çalışmalara da zemin olabileceği düşünülmektedir.

Bu projenin eğitimsel amaçlı olması nedeniyle de, eğitim materyalimiz bütün kullanıcıların incelemesine ve kullanımına açık tutulacak olup Bilgisayar Mimarisi ve Organizasyonu dersi başta olmak üzere Gömülü Sistemler, Dijital Lojik Devrelere Giriş vb. derslerde yardımcı ders aracı olarak kullanılabilmesine model olması ve hatta Gömülü Sistemler vb. laboratuarlarda eğitici prototip olarak kullanılabilmesine imkan verecektir.

İç yapısının incelenebildiği gerçek bir donanım üzerine inşa edilen temel seviyedeki bir İşletim Sisteminin sıfırdan nasıl tasarlanacağı ve tasarlanan İşletim Sistemi birimlerin çalışması esnasında ilgili donanım üzerindeki sinyal akışını izleyebilmesine olanak sağlayan bir eğitim materyali prototipi olması beklenmektedir. Bu sayede projenin öğrencilere iç yapısının rahatlıkla izlenebilir ve üzerinde gerekli değişikliklerin yapılarak özgün sistemlerin geliştirebilmesine olanak sağlaması beklenmektedir. Özgün sistemlerin gelişmesine katkı yapması beklenen bu çalışmanın ayrıca web ortamına taşınması gelişmekte olan üniversitelerin ilgili derslerinde ve ülkemizde git gide popüler hale gelen uzaktan eğitim sisteminde de uygulama ihtiyacının giderilmesine katkı yapması öngörülmektedir.

KAYNAKLAR

[1] GARCIA, M.I., RODRIGUEZ, S., PEREZ, A., GARCIA, A., p88110: A Graphical Simulator for Computer Architecture and Organization Courses, Education, IEEE Transactions on , Vol. 52, No. 2, pp. 248-256, May 2009.

[2] NIKOLIC, Z., RADIVOJEVIC, J., DJORDJEVIC, J., MILUTINOVIC, V., A Survey and Evaluation of Simulators Suitable for Teaching Courses in Computer Architecture and Organization, Vol. 52-4, pp. 449-458, May 2009.

[3] STOJKOVIC, A., DJORDJEVIC, J., NIKOLIC, B., WASP: A Web Based Educational System for Teaching Computer Architecture and Organization, International Journal Electrical Engineering Education, Vol. 44, No. 3, pp. 197-215, 2007.

[4] DJORDJEVIC, J., NIKOLIC, B., MILENKOVIC, A., Flexible Web-based Educational System for Teaching Computer Architecture and Organization, IEEE Transactions on Education, Vol. 48, No. 2, pp. 264-273, May 2005.

[5] QINGQIANG, W., LANGCAI, C., Teaching Mode of Operating System Course for Undergraduates Majoring in Computer Sciences, 4th International Conference on Computer Science & Education(ICCSE 2009), pp. 1412-1415, 2009. doi: 10.1109/ICCSE.2009.5228196

[6] CLEMENTS, A., The Undergradute Curriculum in Computer Architecture, IEEE Micro, Vol. 20, No. 3, pp. 13–22, May/Jun. 2000.

[7] Computing Curricula – Computer Engineering, IEEE Computer Society and ACM, June 2004. http://www.eng.auburn.edu/ece/CCCE

[8] OZTEKIN, H., TEMURTAS F., GULBAG A., BZK.SAU: Implementing a Hardware and Software-based Computer Architecture Simulator for Educational Purpose, IEEE Conf. on Computer Design and Application(ICCDA 2010), Quinhuangdao, V4-90-97, 2010.

[9] TOPALOGLU, N., A Highly Interactive PC based Simulator Tool for Teaching Microprocessor Architecture and Assembly Language Program, Electronics and Electrical Engineering, Vol. 98, No. 2, pp. 53-58, 2010.

[10] OZTEKIN, H., TEMURTAS F., GULBAG A., BZK.SAU.FPGA10.1: A Modular Approach to FPGA-based Micro Computer Architecture Design for Educational Purpose, Comput. Appl. Eng. Educ., doi: 10.1002/cae.20553

[11] GUŠTİN, V., BULIĆ, P., Learning Computer Architecture Concepts with the FPGA-based "Move" Microprocessor, Comput. Appl. Eng. Educ., Vol. 14, pp. 135–141, 2006. doi: 10.1002/cae.20072

[12] BULIĆ, P., GUŠTIN, V., ŠONC, D., ŠTRANCAR, A., An FPGA-based Integrated Environment for Computer Architecture, Comput. Appl. Eng. Educ., 2010. doi: 10.1002/cae.20448

[13] GUŜTIN, V., Designing the Microprocessor with Abel-HDL, Comput. Appl. Eng. Educ., Vol. 9, pp. 87–92, 2001. doi: 10.1002/cae.1009

[14] HATFIELD, B., RIEKER, M., LAN J., Incorporating Simulation and Implementation into Teaching Computer Organization and Architecture, 35th Annual Conference Frontiers in Education(FIE '05) , pp. F1G-18, 2005. doi: 10.1109/FIE.2005.1612029

[15] OCHI, H., ASAver.1: an FPGA-based Education Board for Computer Architecture/System Design, Design Automation Conference (ASP-DAC '97), pp. 157-165, 1997. doi: 10.1109/ASPDAC.1997.600102

[16] TIEJUN X., FANG L., 16-bit Teaching Microprocessor Design and Application, IEEE Int. Sym. on IT in Medicine and Education(ITME 08), pp.160-163,2008. doi: 10.1109/ITME.2008.4743843

[17] NAKANO, K., ITO, Y., Processor, Assembler, and Compiler Design Education Using an FPGA, IEEE Int. Conf. on Parallel and Distributed Systems(ICPADS '08), pp. 723-728, 2008. doi: 10.1109/ICPADS.2008.71

[18] MEZEI, I., MALBASA, V., Formal Specification of an FPGA-based Educational Microprocessor, 23rd Int. Conf. on Microelectronics(MIEL 02), Vol. 2, pp. 667-670, 2002. doi: 10.1109/MIEL.2002.1003346

[19] ROMERO-TRONCOSO R. de J., ORDAZ-MORENO A., VITE-FRIAS J. A., GARCIA-PEREZ A., 8-bit CISC Microprocessor Core for Teaching Applications in the Digital Systems Laboratory, IEEE Int. Conf. on Reconfigurable Computing and FPGA's, pp.1-5, 2006 doi: 10.1109/RECONF.2006.307782

[20] The Joint Task Force on Computing Curricula, IEEE Computer Society and Association for Computing Machinery, Computin Curricula, 2001.

[21] KIFER, M., SMOLKA, S., OSP: An Environment for Operating Systems(Instructor Version), MA: Addision Wesley, 1991.

[22] JONES, D., NEWMAN, A., Rcos.java: A Simulated Operating System with Animations, Computer Based Learning in Science(CBLIS), Section C4, 2001.

[23] MAIA, L., PACHECO, A., A Simulator Supporting Lectures on Operating Systems, 33rd ASEE/IEEE Conf. Frontiers in Education, 2003.

[24] TANENBAUM, A.S., WOODHULL, A.S., Operating Systems: Design and Implementation, 2nd. Ed. Englewood Cliffs, NJ:Prentice Hall, 1997.

[25] CHRISTOPHER, W. A., PROCTER, S. J., ANDERSON, T. E., The Nachos Instructional Operating System, Winter 1993 Usenix Tech. Conf., pp. 479-488, 1993.

[26] BUENDIA, F., CANO, J.-C., WebgeneOS: A Generative and Web-Based Learning Architecture to Teach Operating Systems in Undergraduate Courses, IEEE Transactions on Education , Vol. 49, No. 4, pp. 464-473, 2006

[27] CHUGHTAI, M. A., YAQOOB, A., An Approach to Task Allocation for Dynamic Scheduling in Reconfigurable Computing Systems, 9th IEEE International Multitopic Conference(INMIC 2005), pp. 1-6, 2005 doi: 10.1109/INMIC.2005.334493

[28] LU, Z., ZHANG, X., SUN, C., An Embedded System with uClinux based on FPGA, IEEE Pacific-Asia Workshop on Computational Intelligence and Industrial Application(PACIIA 2008), Vol. 2, pp. 691-694, 2008 doi: 10.1109/PACIIA.2008.85

[29] OU, J., PRASANNA, V. K., COMA: A Cooperative Management Scheme for Energy Efficient Implementation of Real-Time Operating Systems on FPGA Based Soft Processors, 13th Annual IEEE Symposium on Field-Programmable Custom Computing Machines(FCCM 2005), pp. 139- 148, 2005. doi: 10.1109/FCCM.2005.26

[30] GARDEZI, A. F., AHSAN, M. N., MASUD, S., Framework for Performance Analysis of RTOS-Enabled Embedded Systems on FPGA, International Symposium on Performance Evaluation of Computer & Telecommunication Systems(SPECTS 2009), Vol. 41, pp. 35-40, 2009.

[31] NAKANO, T., UTAMA, A., ITABASHI, M., SHIOMI, A., IMAI, M., Hardware Implementation of a Real-Time Operating System, 12th International Symposium TRON Project, pp. 34-42, 1995 doi: 10.1109/TRON.1995.494740.

[32] HOYDEN, K. S., BRODERSEN, R.W., Improving Usability of FPGA-Based Reconfigurable Computers Through Operating System Support, International Conference on Field Programmable Logic and Applications(FPL 2006), pp.1-6, 2006. Doi: 10.1109/FPL.2006.311236

[33] HAN W., MUIR, M., NOUSIAS, I., ARSLAN, T., ERDOGAN, A.T., Mapping Real Time Operating System on Reconfigurable Instruction Cell Based Architectures, 15th Annual IEEE Symposium on Field-Programmable Custom Computing Machines(FCCM 2007), pp.301-304, 2007. doi: 10.1109/FCCM.2007.30

[34] HUERTA, P., CASTILLO, J., SANCHEZ, C., MARTINEZ, J.I., Operating System for Symmetric Multiprocessors on FPGA, International Conference on Reconfigurable Computing and FPGAs(ReConFig 2008), pp. 157-162, 2008. doi: 10.1109/ReConFig.2008.43

[35] PELLIZZONI, R., CACCAMO, M., Real-Time Management of Hardware and Software Tasks for FPGA-based Embedded Systems, IEEE Transactions on Computers, Vol. 56, No. 12, pp. 1666-1680, Dec. 2007.

[36] TRIPATHI, J. N., SOMANI, G., MUNDRA, K., VERMA, S. S., JOSHI, H., Soft-Reconfiguration Management for Operating Systems with Multiprocessor Architecture, International Conference on Advanced Computing and Communications(ADCOM 2007), pp. 573-577, 2007. doi: 10.1109/ADCOM.2007.64

[37] WIGLEY, G., KEARNEY, D., The First Real Operating System for Reconfigurable Computers, 6th Australasian Computer Systems Architecture Conference(ACSAC 2001), pp. 130-137, 2001. doi: 10.1109/ACAC.2001.903375

[38] OZTEKIN, H., Bilgisayar Mimarisi Simülatörü Tasarımı, Y. Lisans, Sakarya Üniversitesi, Bilgisayar ve Bilişim Mühendisliği, 2009.

[39] http://en.wikipedia.org/wiki/ABC_80 (Erişim Tarihi: 20/02/2012)

[40] en.wikipedia.org/wiki/List_of_home_computers_by_video_hardware (Erişim Tarihi: 20/02/2012)

[41] COLTON, D., EMBREY, G., FIFE, L., MIKOLYSKI, S., PRIGMORE, D., STANLEY, T. D., Pedagogic Value in Understanding Computer Architecture of Implementing the Marie Computer from Null and Lobur in the Logic Emulation Software, Multimedia Logic. Workshop On Computer Architecture Education(WCAE 2007), pp. 66–71, 2007.

[42] TIEJUN, X., FANG, L., 16-bit teaching microprocessor design and application, IEEE International Symposium on IT in Medicine and Education(ITME 2008), pp. 160-163, 2008. doi: 10.1109/ITME.2008.4743843

[43] GHEORGHE, A. S., BURILEANU, C., Savage16 - 16-bit RISC Architecture General Purpose Microprocessor, International Semiconductor Conference (CAS 2010), Vol. 2, pp.521-524, 2010. doi: 10.1109/SMICND.2010.5650480

[44] MANO, M. M., Bilgisayar Sistemleri Mimarisi, MARŞOĞLU, A., 3. Basım, SUÇSUZ., N., Literatür Yayıncılık, pp. 129-159, İstanbul, 2002.

[45] AYDIN, A., FPGA Yonga Mimarisi ve Kullanımı, Lisans, Süleyman Demirel Üniversitesi, Elektronik ve Haberleşme Mühendisliği, 2005

[46] http://web.itu.edu.tr/orencik/BilgMimYenYakl2007/Mehmet_Aktas/ FPGA_Mimarisi_Rapor.pdf (Erişim Tarihi: 10/11/2011)

[47] ÇAVUŞLU, M. A., FPGA ile Yapay Sinir Ağı Eğitiminin Donanımsal Gerçeklenmesi, Lisans, Kocaeli Üniversitesi, Elektronik ve Haberleşme Mühendisliği, 2006.

[48] http://www.altera.com/devices/fpga/ (Erişim Tarihi: 23/04/2012)

[49] http://ee.sharif.edu/~asic/Tutorials/Quartus/AppendixB_quartus.pdf (Erişim Tarihi: 10/11/2011)

[50] Joint Task Force on Computer Engineering Curricula, Computer Engineering Curriculum Guidelines for Undergraduate Degree Programs in Computer Engineering, IEEE Computer Society Association for Computing Machinery, December 12, 2004. http://www.acm.org/education/education/curric_vols/CE-Final-Report.pdf

[51] Joint Task Force on Computer Engineering Curricula, Computing Curricula 2001(Computer Science), IEEE Computer Society Association for Computing Machinery, December 15, 2001. http://www.acm.org/education/curric_vols/cc2001.pdf

[52] URIBE, R. B., HAKEN, L., LOUI, M. C., A Design Laboratory in Electrical and Computer Engineering Freshman, IEEE Transaction on Education, Vol. 37, pp. 194-202, May 1994.

[53] HAMBLEN, J.O., Rapid Prototyping Using Field-programmable Logic Devices, IEEE Micro, Vol. 20, No. 3, pp. 29-37, May/June 2000.

[54] DJORDJEVIC, J., NIKOLIC B., BOROZAN T., MILENKOVIC, A., CAL2: Computer Aided Learning in Computer Architecture Laboratory, Computer Applications Engineering Education, Vol. 16, pp. 172-188, 2008.

[55] SODERSTRAND, M. A., Role of FPGA's in Undergradute Project Courses, IEEE Int. Conf. Microelectronics System Education, pp. 109-110, April 1997.

[56] NIXON, M. S., On a Programmable Approach to Introducing Digital Design, IEEE Transaction on Education, Vol. 40, pp. 195-206, August 1997.

[57] OZTEKIN, H., TEMURTAS F., GULBAG A., BZK.SAU.FPGA10.0: Microprocessor Architecture Design on Reconfigurable Hardware as an Educational Tool, IEEE Symp. on Computers and Electronics(ISCI 2011), pp. 385-389, March 2011.

[58] OZKAN, H.H., Öğrenme Öğretme Modelleri Açısından Modüler Öğretim, Atatürk Üniversitesi Sosyal Bilimler Enstitüsü Dergisi, Vol. 6-2, pp:117-128, 2005.

[59] PEDRONI, V. A., Circuit Design with VHDL, MIT Press, 279-280, London, England, 2004.

[60] www.csee.umbc.edu/portal/help/VHDL/sample/samples.shtml#div_ser (Erişim Tarihi: 02/03/2011)

[61] HWANG E., Build a VGA Monitor Controller, Circuit Cellar, pp: 12-17, 2004.

[62] www.eem.bozok.edu.tr/arastirma.htm (Erişim Tarihi: 08/06/2012)

[63] www.opencores.org (Erişim Tarihi: 05/06/2011)

[64] http://www-igm.univ-mlv.fr/~lecroq/string/node3.html (Erişim Tarihi: 25/04/2012)

[65] https://www.altera.com/download/dnl-index.jsp (Erişim Tarihi: 12/04/2012)

EKLER

EK-A

AKÜMÜLATÖR VE BELLEK KOMUTLARI						
		Derhal	Direkt	Dolaylı	İndis	Doğal
İşlem Adı	Kısaltması	OP	OP	OP	OP	OP
Topla	ADD	0×1000	0×2000	0×3000	0×4000	
Elde ile Topla	ADDC	0×1001	0×2001	0×3001	0×4001	
Lojik "VE"	AND	0×1002	0×2002	0×3002	0×4002	
Temizle	CLR					0×0003
Karşılaştır	CMP	0×1004	0×2004	0×3004	0×4004	
Azalt	DECR					0×0005
Böl	DIV	0×1006	0×2006	0×3006	0×4006	
Lojik "×OR"	XOR	0×1007	0×2007	0×3007	0×4007	
Arttır	INCR					0×0008
1'e Tümleme	COM					0×0009
2'e Tümleme	NEG					0×000A
Yükle	LDA	0×100B	0×200B	0×300B		
Lojik "VEYA"	OR	0×100C	0×200C	0×300C	0×400C	
İt	PSH					0×000D
Çek	PUL					0×000E
Aritmetik sağa Kaydırma	SAR					0×000F

AKÜMÜLATÖR VE BELLEK KOMUTLARI						
		Derhal	**Direkt**	**Dolaylı**	**İndis**	**Doğal**
İşlem Adı	**Kısaltması**	**OP**	**OP**	**OP**	**OP**	**OP**
Aritmetik sola Kaydırma	SAL					0×0010
Çıkarma	SUB	0×1011	0×2011	0×3011	0×4011	
Borç ile Çıkarma	SUBC	0×1012	0×2012	0×3012	0×4012	
Sakla	STA		0×2013	0×3013	0×4013	
Çarpma	MUL	0×1014	0×2014	0×3014	0×4014	
YIĞIN VE İNDİS KOMUTLARI						
		Derhal	**Direkt**	**Dolaylı**	**İndis**	**Doğal**
İşlem Adı	**Kısaltması**	**OP**	**OP**	**OP**	**OP**	**OP**
İndis K. yükle	LDAX	0×1015	0×2016	0×3015	0×4015	
Yığın K. yükle	LDAS	0×1016	0×2016	0×3016	0×4016	
İndis K. sakla	STAX		0×2017	0×3017		
Yığın K.sakla	STAS		0×2018	0×3018		
İndis K.azalt	DECX					0×0019
İndis K.arttır	INCX					0×001A
Yığın K.azalt	DECS					0×001B
Yığın K.arttır	INCS					0×001C

SIÇRAMA VE DALLANMA KOMUTLARI						
		Göreceli	**Direkt**	**Dolaylı**	**İndis**	**Doğal**
İşlem Adı	**Kısaltması**	**OP**	**OP**	**OP**	**OP**	**OP**
Şartsız dallan	BRA	0×501D				
C=0 ise dallan	BCC	0×501E				
C=1 ise dallan	BCS	0×501F				
Z=1 ise dallan	BZR	0×5020				
N⊕V=0 ise dallan	BGE	0×5021				
Z+(N⊕V)=0 ise dallan	BGR	0×5022				
C+Z=0 ise dallan	BHI	0×5023				
Z+(N⊕V)=1 ise dallan	BLE	0×5024				
C+Z=1 ise dallan	BLS	0×5025				
N⊕V=1 ise dallan	BLT	0×5026				
N=1 ise dallan	BMI	0×5027				
Z=0 ise dallan	BNE	0×5028				
V=0 ise dallan	BVC	0×5029				
V=1 ise dallan	BVS	0×502A				

SIÇRAMA VE DALLANMA KOMUTLARI						
		Göreceli	**Direkt**	**Dolaylı**	**İndis**	**Doğal**
İşlem Adı	**Kısaltması**	**OP**	**OP**	**OP**	**OP**	**OP**
N=0 ise dallan	BPL	0×502B				
Alt programa dallan	BSR	0×502C				
Alt programdan dön	RTS					0×002D
Atla	JMP		0×102E	0×202E	0×402E	
Alt programa atla	JSR		0×102F		0×402F	
Kesmeden dönüş	RTI					0×0030
İşlem yok	NOP					0×0031
Programı durdur	HLT					0×0032
Akümülatör tek ise	BPO	0×502D				
Akümülatör çift ise	BPE	0×502E				
Elde bitini sıfırla	CLC					0×0033
Kesme bitini sıfırla	CLI					0×0034
Taşma bitini sıfırla	CLV					0×0035
Elde bitini bir yap	STC					0×0036
Kesme bitini bir yap	STI					0×0037
Taşma bitini bir yap	STV					0×0038

GİRİŞ-ÇIKIŞ KOMUTLARI						
		Göreceli	**Direkt**	**Dolaylı**	**İndis**	**Doğal**
İşlem Adı	**Kısaltması**	**OP**	**OP**	**OP**	**OP**	**OP**
Girişteki bilgiyi alır	IN					0×0039
Veriyi çıkışa iletir	OUT					0×003A

OP : İşlem Kodu

EK-B

Etiket	Komut	Açıklama
	IN	Klavyeden basılan karakterin alınarak saklanması
	STA $1003h	
	CMP #0000h	Klavyeden herhangi bir tuşa basılmadığında "Imlec" isimli alt programa dallanması
	BZR Imlec	
	LDA $1003h	Klavyeden basılan tuş Backspace ise "Backspace" isimli alt programa dallanması
	CMP #0008h	
	BZR Backspace	
	LDA $1003h	Klavyeden basılan tuş Enter ise "Enter" isimli alt programa dallanması
	CMP #000Dh	
	BZR Enter	
	LDA $1003h	Klavyeden basılan aşağı yönlü ok ise "D_Arrow" isimli alt programa dallanması
	CMP #0011h	
	BZR D_Arrow	
	LDA $1003h	Klavyeden basılan yukarı yönlü ok ise "U_Arrow" isimli alt programa dallanması
	CMP #0012h	
	BZR U_Arrow	
	LDA $1003h	Klavyeden basılan sağ yönlü ok ise "R_Arrow" isimli alt programa dallanması
	CMP #0013h	
	BZR R_Arrow	
	LDA $1003h	Klavyeden basılan sağ yönlü ok ise "L_Arrow" isimli alt programa dallanması
	CMP #0014h	
	BZR L_Arrow	
	LDA $1003h	Klavyeden basılan karakterin bit haritasının bellekteki başlangıç adresini hesaplama
	DIV #0002h	
	MUL #0010h	
	ADD #0600h	
	STA $1004h	
	LDA $1003h	ASCII kodu tek ise dallan
	BPO ASCII_tek	

Etiket	Komut	Açıklama
	LDA $1001h	İmlecin sütun sayacı tek ise dallan
	BPO Imlec_tek	
	LDA $1000h	Klavyeden basılan karakterin bit haritasının bellekte yazılacağı başlangıç adresini hesaplama
	MUL #0014h	
	STA $1006h	
	LDA $1001h	
	DIV #0002h	
	ADD $1006h	
	MUL #0010h	
	ADD #2000h	
	STA $1008h	
mask_FF00:	LDA @1004h	Karakter bit haritasına FF00 maskesi uygulama
	AND #FF00h	
	STA $1009h	
	LDA $1009h	FF00 maskesi uygulanan karakter bit haritasının hesaplanan adrese yazılması ve adres güncellemeleri
	STA @1008h	
	LDA $1008h	
	INCR	
	STA $1008h	
	LDA $1004h	
	INCR	
	STA $1004h	
	LDA $1007h	
	INCR	
	STA $1007h	
	CMP #0010h	
	BZR ımlec_updt	
	LDA #0000h	
	STA $100A	
	BRA mask_FF00	

Etiket	Komut	Açıklama
Imlec_tek:	LDA $1000h	Klavyeden basılan karakterin bit haritasının bellekte yazılacağı başlangıç adresini hesaplama
	MUL #0014h	
	STA $1006h	
	LDA $1001h	
	DIV #0002h	
	ADD $1006h	
	MUL #0010h	
	ADD #2000h	
	STA $1008h	
mask_FF00:	LDA @1004h	Karakter bit haritasına FF00 maskesi uygulama
	AND #FF00h	
	STA $1009h	
r_shift:	LDA $1009h	Maskelenen verinin sağa kaydırma işlemleri
	SAR	
	STA $1009h	
	LDA $100Ah	
	INCR	
	STA $100Ah	
	CMP #0008h	
	BZR w_bitmap	
	BRA r_shift	
w_bitmap:	LDA $1009h	FF00 maskesi uygulanan karakter bit haritasının hesaplanan adrese yazılması ve adres güncellemeleri
	OR @1008h	
	STA @1008h	
	LDA $1008h	
	INCR	
	STA $1008h	
	LDA $1004h	
	INCR	
	STA $1004h	
	LDA $1007h	

Etiket	Komut	Açıklama
	INCR	FF00 maskesi uygulanan karakter bit haritasının hesaplanan adrese yazılması ve adres güncellemeleri
	STA $1007h	
	CMP #0010h	
	BZR imlec_updt	
	LDA #0000h	
	STA $100A	
	BRA mask_FF00	
ASCII_tek	LDA $1001h	İmlecin sütun sayacı çift ise dallan
	BPE Imlec_cift	
	LDA $1000h	Klavyeden basılan karakterin bit haritasının bellekte yazılacağı başlangıç adresini hesaplama
	MUL #0014h	
	STA $1006h	
	LDA $1001h	
	DIV #0002h	
	ADD $1006h	
	MUL #0010h	
	ADD #2000h	
	STA $1008h	
mask_00FF:	LDA @C004h	Karakter bit haritasına 00FF maskesi uygulama
	AND #00FFh	
	STA $1009h	
	LDA $1009h	00FF maskesi uygulanan karakter bit haritasının hesaplanan adrese yazılması ve adres güncellemeleri
	OR @1008h	
	STA @1008h	
	LDA $1008h	
	INCR	
	STA $1008h	
	LDA $1004h	
	INCR	
	STA $1004h	
	LDA $1007h	

Etiket	Komut	Açıklama
	INCR	00FF maskesi uygulanan karakter bit haritasının hesaplanan adrese yazılması ve adres güncellemeleri
	STA $1007h	
	CMP #0010h	
	BZR Imlec_updt	
	LDA #0000h	
	STA $100A	
	BRA mask_00FF	
Imlec_cift:	LDA $1000h	Klavyeden basılan karakterin bit haritasının bellekte yazılacağı başlangıç adresini hesaplama
	MUL #0014h	
	STA $1006h	
	LDA $1001h	
	DIV #0002h	
	ADD $1006h	
	MUL #0010h	
	ADD #2000h	
	STA $1008h	
mask_00FF:	LDA @1004h	Karakter bit haritasına 00FF maskesi uygulama
	AND #00FFh	
	STA $1009h	
l_shift:	LDA $1009h	Maskelenen verinin sola kaydırma işlemleri
	SAL	
	STA $1009h	
	LDA $100Ah	
	INCR	
	STA $100Ah	
	CMP #0008h	
	BZR w_bitmap	
	BRA l_shift	
w_bitmap:	LDA $1009h	00FF maskesi uygulanan karakter bit haritasının hesaplanan adrese yazılması ve adres güncellemeleri
	STA @1008h	
	LDA $1008h	

Etiket	Komut	Açıklama
	INCR	00FF maskesi uygulanan karakter bit haritasının hesaplanan adrese yazılması ve adres güncellemeleri
	STA $1008h	
	LDA $1004h	
	INCR	
	STA $1004h	
	LDA $1007h	
	INCR	
	STA $1007h	
	CMP #0010h	
	BZR Imlec_updt	
	LDA #0000h	
	STA $100A	
	BRA mask_00FF	
Imlec_updt:	LDA $1000h	İmlecin satır göstergeci++ ve satır göstergecinin 24 olup olmadığı kontrol alt programına dallan
	INCR	
	STA $1000h	
	BRA satır_24	
	LDA $1000h	İmlecin satır göstergeci-- ve satır göstergecinin -1 olup olmadığı kontrol alt programına dallan
	DECR	
	STA $1000h	
	BRA satır_1cmp	
	LDA $1001h	İmlecin sütun göstergeci++ ve sütun göstergecinin 24 olup olmadığı kontrol alt programına dallan
	INCR	
	STA $1001h	
	BRA sutun_24	
	LDA $1001h	İmlecin sütun göstergeci-- ve sütun göstergecinin -1 olup olmadığı kontrol alt programına dallan
	DECR	
	STA $1001h	
	BRA sutun_1cmp	

Etiket	Komut	Açıklama
satır_24:	LDA $1000h	İmlecin satır göstergecinin 24 olup olmadığı kontrol edilip ve imleç programına dallan
	SUB #0018h	
	BZR A:	
	BRA Imlec	
	A:LDA #0000h	
	STA $1000h	
	BRA Imlec	
satır_1cmp:	LDA $1000h	İmlecin satır göstergecinin -1 olup olmadığı kontrol edilip ve imleç programına dallan
	SUB #FFFFh	
	BZR B:	
	BRA Imlec	
	B:LDA #0017h	
	STA $1000h	
	BRA Imlec	
sutun_24:	LDA $1001h	İmlecin sütun göstergecinin 40 olup olmadığı kontrol edilip ve imleç programına dallan
	SUB #0028h	
	BZR C:	
	BRA Imlec	
	C:LDA #0000h	
	STA $1001h	
	BRA Imlec	
sutun_1cmp:	LDA $1000h	İmlecin sütun göstergecinin -1 olup olmadığı kontrol edilip ve imleç programına dallan
	SUB #FFFFh	
	BZR B:	
	BRA Imlec	
	B:LDA #0017h	
	STA $1000h	
	BRA Imlec	

EK-C

Etiket	Komut	Açıklama
var_init:	LDA #0000h	İmleci yakma/söndürme evrelerinin süresini ayarlayacak i ve j değişkenlerine "0" değeri ata
	STA $100Eh	
	STA $100Fh	
	LDA $1000h	İmlecin bulunduğu konumun başlangıç adresini hesapla
	MUL #0014h	
	STA $1006h	
	LDA $1001h	
	DIV #0002h	
	ADD $1006h	
	MUL #0010h	
	ADD #2000h	
	STA $1008h	
C:	LDA $100Fh	İmleci yakma/söndürme evrelerinin sürelerinin ayarlandığı bölüm (for i=1 to 0×000A for j=1 to 0×0100) Belirlenen süre kadar zaman geçirildikten sonra imleci yakma veya söndürme alt programına karar verilen alt programa("phase_dcs") dallanma işlemi
	INCR	
	STA $100Fh	
	CMP #000Ah	
	BZR I:	
	BRA C:	
I:	LDA $100Eh	
	INCR	
	STA $100Eh	
	CMP #0100h	
	BZR phase_dcs	
	LDA #0000h	
	STA $100Fh	
	BRA C:	
phase_dcs:	LDA $100Dh	İmlecin yakma veya söndürme evrelerinden hangisinde olduğuna karar verme(1: yakma, 0:söndürme)
	CMP #0001h	
	BZR imlec_on	

Etiket	Komut	Açıklama
imlec_off:	LDA $1001h	İmlecin sütun sayacının tek veya çift olup olmadığı kontrol ediliyor.
	BPO sutun_tek	
sutun_cift:	LDA @1008h	İmleci söndürme alt programı(İmlecin sütun sayacının çift veya tek olmasına göre)
	XOR #FF00h	
	STA $1009h	
	LDA $1009h	
	STA @1008h	
	LDA $1008h	
	INCR	
	STA $1008h	
	LDA $1007h	
	INCR	
	STA $1007h	
	CMP #0011h	
	BZR son_islemler	
	BRA sutun_cift	
sutun_tek:	LDA @1008h	
	XOR #00FFh	
	STA $1009h	
	LDA $1009h	
	STA @1008h	
	LDA $1008h	
	INCR	
	STA $1008h	
	LDA $1007h	
	INCR	
	STA $1007h	
	CMP #0011h	
	BZR son_islemler	
	BRA sutun_tek	

Etiket	Komut	Açıklama
imlec_on:	LDA $1001h	İmlecin sütun sayacının tek veya çift olup olmadığı kontrol ediliyor.
	BPO sutun_tek	
sutun_cift:	LDA @1008h	İmleci yakma alt programı(İmlecin sütun sayacının çift veya tek olmasına göre)
	XOR #FF00h	
	STA $1009h	
	LDA $1009h	
	STA @1008h	
	LDA $1008h	
	INCR	
	STA $1008h	
	LDA $1007h	
	INCR	
	STA $1007h	
	CMP #0011h	
	BZR son_islemler	
	BRA sutun_cift	
sutun_tek:	LDA @1008h	
	XOR #00FFh	
	STA $1009h	
	LDA $1009h	
	STA @1008h	
	LDA $1008h	
	INCR	
	STA $1008h	
	LDA $1007h	
	INCR	
	STA $1007h	
	CMP #0011h	
	BZR son_islemler	
	BRA sutun_tek	

son_islemler:	LDA $100Dh	İmlecin hangi evrede olduğu kontrol ediliyor.
	BPO B:	
	LDA #0001h	İmlecin bulunduğu evreye göre gerekli güncellemeler yapılarak programın tekrar başına dönülüyor.
	STA $100Dh	
	LDA #0000h	
	STA $1007h	
	BRA var_init	
	LDA #0000h	
	STA $100Dh	
	STA $1007h	
	BRA var_init	

EK-D

Etiket	Komut	Açıklama
	LDA #A000h	Ekran alanının başlangıç adresi AC'e atılıyor.
	STA $E200h	Ekran alanının başlangıç adresi ana bellekteki veri bölgesinde 0×E200 adresine atılıyor.
clean:	LDA #0000h	Ekran bölgesini temizlemek(ilgili adreslere 0×0000 verisini yazmak) için gerekli veri AC'ye atılıyor.
	STA @E200h	AC'deki veri 0×E200 nolu adreste yer alan adrese atılarak ilgili adres dolayısıyla ekran alanı temizleniyor.
	LDA $E200h	0×E200 adresindeki ekran alanı göstergeci adres değeri AC'ye atılıyor.
	INCR	Adres değeri bir artırılıyor.
	STA $E200h	Artırılan adres değeri 0×E200 adresine saklanıyor.
	CMP #BFFFh	Elde edilen adres değerinin ekran alanı bölgesinin son adres değeri olan 0×BFFF değerine ulaşıp ulaşmadığı kontrol ediliyor.
	BZR pointer_updt	Eğer ulaşıldıysa(ekran temizleme işlemi bitmiştir) imlecin satır ve sütun göstergeçlerini güncelle
	BRA clean	Eğer ulaşılmadıysa ilgili adresi temizleme işlemi gerçekleştir.
pointer_updt:	LDA #0000h	İmlecin satır ve sütun göstergeç değerlerine 0×0000 verisi yüklenerek imlecin ekranın sol üst köşesinde konumlanması sağlanıp ve imleç alt programına dallanılıyor.
	STA $E000h	
	LDA $E001h	
	BRA imlec	

EK-E

Etiket	Komut	Açıklama
prg_start:	LDA @E020h	0×E020 adresinde yer alan kullanıcı kaynak programı başlangıç adresinde(0×6000) yer alan veri alınıyor ve 0×E023 adresine saklanıyor.
	STA $E023h	
	LDA $E021h	Kullanıcı kaynak programındaki ilgili adresteki verinin yüksek(0) veya düşük anlamlı kısmı(1) gösteren göstergeç kontrol ediliyor.
	BPO s_ptr_odd	
	LDA $E023h	0×E023 adresindeki veriye 0×FF00 maskesi uygulanıp elde edilen verinin adresleme mod sembollerinden biri olup olmadığına karar veren alt programa dallanılıyor.
	AND #FF00h	
	STA $E023h	
	BRA mod_ctrl	
ptr_odd:	LDA $E023h	0×E023 adresindeki veriye 0×00FF maskesi uygulanıp elde edilen verinin adresleme mod sembollerinden biri olup olmadığına karar veren alt programa dallanılıyor.
	AND #00FFh	
	STA $E023h	
	BRA mod_ctrl	
o_data_acq:	LDA @E025h	0×E025 adresinde yer alan komut opcode tablosu başlangıç adresinde(0×8000) yer alan veri alınıyor ve 0×E024 adresine saklanıyor.
	STA $E024h	
	LDA $E022h	Opcode tablosundaki ilgili adresteki verinin yüksek(0) veya düşük anlamlı kısmı(1) gösteren göstergeç kontrol ediliyor.
	BPO o_ptr_odd	
	LDA $E024h	0×E024 adresindeki veriye 0×FF00 maskesi uygulanıyor ve karşılaştırma alt programına dallanılıyor.
	AND #FF00h	
	STA $E024h	
	BRA comp	

Etiket	Komut	Açıklama
o_ptr_odd:	LDA $E024h	0×E024 adresindeki veriye 0×00FF maskesi uygulanıyor ve opcode ve kaynak program alanındaki verilerin hizalanması işlemi alt programına dallanılıyor.
	AND #00FFh	
	STA $E024h	
	BRA align	
mod_ctrl:	LDA $E023h	0×E023 adresindeki veriye maskeleme işlemi sonucunda elde edilen verinin "derhal" adresleme mod sembolü (#--0×23) olup olmadığı karşılaştırılıyor.
	CMP #2300h	
	BZR mod_act	
	LDA $E023h	
	CMP #0023h	
	BZR mod_act	
	LDA $E023h	0×E023 adresindeki veriye maskeleme işlemi sonucunda elde edilen verinin "direkt" adresleme mod sembolü ($--0×24) olup olmadığı karşılaştırılıyor.
	CMP #2400h	
	BZR mod_act	
	LDA $E023h	
	CMP #0024h	
	BZR mod_act	
	LDA $E023h	0×E023 adresindeki veriye maskeleme işlemi sonucunda elde edilen verinin "dolaylı" adresleme mod sembolü (@--0×40) olup olmadığı karşılaştırılıyor.
	CMP #4000h	
	BZR mod_act	
	LDA $E023h	
	CMP #0040h	
	BZR mod_act	
	LDA $E023h	0×E023 adresindeki veriye maskeleme işlemi sonucunda elde edilen verinin "indis" adresleme mod sembolü (%--0×25) olup olmadığı karşılaştırılıyor.
	CMP #2500h	
	BZR mod_act	
	LDA $E023h	
	CMP #0025h	
	BZR mod_act	

Etiket	Komut	Açıklama
	LDA $E023h	0×E023 adresindeki veriye maskeleme işlemi sonucunda elde edilen verinin “göreceli” adresleme mod sembolü (%--0×26) olup olmadığı karşılaştırılıyor.
	CMP #2600h	
	BZR mod_act	
	LDA $E023h	
	CMP #0026h	
	BZR mod_act	
	BRA o_data_acq	Opcode tablosundan veri alma alt programına dallanılıyor.
mod_act:	LDA #0001h	Adresleme mod sembollerinden biri gelmiş ise 0×E028 adresi “1” yapılarak opcode tablosu veri alma alt programına alt programına dallanılıyor.
	STA $E028h	
	BRA o_data_acq	
align:	LDA $E021h	Kaynak programı göstergecinin tek veya çift olduğu kontrol ediliyor.
	BPO ptr_odd	
	LDA $E022h	Opcode tablo göstergecinin tek veya çift olduğu kontrol ediliyor.
	BPO ptr_odd	
	BRA comp	Hizalanan verileri karşılaştırma alt programına dallanılıyor.
r_shift:	LDA $E023h	Kaynak program alanından alınan veriye sağa kaydırma uygulanarak opcode tablosundan alınan veri ile hizalanıp karşılaştırma alt programına dallanılıyor.
	SAR	
	STA $E023h	
	LDA $E026h	
	INCR	
	STA $E026h	
	CMP #0008h	
	BZR G	
	BRA r_shift	

Etiket	Komut	Açıklama
ptr_odd:	LDA $E022h	Opcode tablo göstergecinin tek veya çift olduğu kontrol ediliyor.
	BPO comp	
l_shift:	LDA $E023h	Kaynak program alanından alınan veriye sola kaydırma uygulanarak opcode tablosundan alınan veri ile hizalanıp karşılaştırma alt programına dallanılıyor.
	SAL	
	STA $E023h	
	LDA $E026h	
	INCR	
	STA $E026h	
	CMP #0008h	
	BZR comp	
	BRA l_shift	
comp:	lda $e023h	Kaynak program ve opcode tablodan alınan veriler karşılaştırılarak, karşılaştırma sonucu doğru ise değişken güncelleme alt programına, aksi halde yanlışlığın teşhis edileceği alt programa dallanılıyor.
	Cmp $e024h	
	Bzr var_updt	
	Bra w_detection	
w_detection:	LDA $E023h	Yanlışlık kaynak programdaki "space(0×20)" karakterinden kaynaklanıyorsa "space" isimli alt programa dallanılıyor.
	CMP #0020h	
	BZR space	
	LDA $E023h	
	CMP #2000h	
	BZR space	
	LDA $E023h	Yanlışlık kaynak programdaki ". (0×2E)" karakterinden kaynaklanıyorsa "point" isimli alt programa dallanılıyor. (nokta işareti kaynak programın bittiğini işaret eder)
	CMP #002Eh	
	BZR point	
	LDA $E023h	
	CMP #2E00h	
	BZR point	

Etiket	Komut	Açıklama
	LDA $E023h	Yanlışlık kaynak programdaki "; (0×3B)" karakterinden kaynaklanıyorsa "semicolon" isimli alt programa dallanılıyor. (nokta işareti kaynak programın bittiğini işaret eder)
	CMP #003Bh	
	BZR semicolon	
	LDA $E023h	
	CMP #3B00h	
	BZR semicolon	
	LDA $E020h	Yanlışlık ";", "." ve "space" tuşlarından birinden dolayı kaynaklanmamışsa ilgili adres değerlerinin ve değişkenlerinin güncellenmesi
	SUB $E027h	
	STA $E020h	
	LDA #0000h	
	STA $E021h	
	STA $E027h	
	STA $E026h	
	STA $E028h	
	LDA $E022h	
	BPO B	
	LDA #0001h	
	STA $E022h	
	BRA R	
B:	LDA $E025h	
	INCR	
	STA $E025h	
	LDA #0000h	
	STA $E022h	
	BRA prg_start	
var_updt:	LDA $E021h	Kaynak program göstergec değeri çift olması durumunda sadece göstergec değeri günceleniyor.
	BPO N	
	LDA #0001h	
	STA $E021h	
	BRA O	

Etiket	Komut	Açıklama
N:	LDA #0000h	Kaynak program göstergec değeri tek olması durumunda hem göstergec hem de kaynak program adres değeri güncelleniyor. Ayrıca karşılaştırmanın doğru olduğunu bir sonraki karşılaştırma işlemine taşıyan 0×E027 adresli değişken 1 yapılıyor.
	STA $E021h	
	LDA $E020h	
	INCR	
	STA $E020h	
	LDA $E027h	
	INCR	
	STA $E027h	
	BRA O	
O:	LDA $E022h	Opcode tablo göstergec değeri çift olması durumunda sadece göstergec değeri güncelleniyor.
	BPO P	
	LDA #0001h	
	STA $E022h	
	BRA G	
P:	LDA #0000h	Opcode tablo göstergec değeri tek olması durumunda hem göstergec hem de opcode tablo adres değeri güncelleniyor.
	STA $E022h	
	LDA $E025h	
	INCR	
	STA $E025h	
G:	LDA $E028h	Adresleme modlarından birinin geldiği bilgisini tutan 0×E028 adresli değişkenin durumu kontrol edilerek, gelmişse komutun makine kodunun ilk parçasını alma alt programına, aksi halde bu programın başına dallanılıyor.
	CMP #0001h	
	BZR m_code1	
	LDA #0000h	
	STA $E028h	
	BRA prg_start	
space:	LDA $E021h	Kaynak programından alınan veri space olması durumunda yapılan güncelleştirmeler(kaynak program sütun göstergeci)
	BPO AA	
	LDA #0001h	
	STA $E021h	
	BRA prg_start	

Etiket	Komut	Açıklama
AA:	LDA #0000h	Kaynak programından alınan veri "space" olması durumunda yapılan güncelleştirmeler(kaynak program sütun göstergeci, kaynak program adres değeri ve karşılaştırmanın doğru olduğunu bir sonraki karşılaştırma işlemine taşıyan 0×E027 adresli değişken 1 yapılıyor
	STA $E021h	
	LDA $E020h	
	INCR	
	STA $E020h	
	LDA $E027h	
	INCR	
	STA $E027h	
	BRA prg_start	
semicolon:	LDA $E021h	Kaynak program alanından alınan veri ";" olması durumunda yapılan güncelleştirmeler(kaynak program sütun göstergeci). Ayrıca ";" karakterinden sonra kaynak program alanında "Enter--0×D" karakteri bulunana kadar güncelleştirmelere devam eder.
	BPO BB	
	LDA #0001h	
	STA $E021h	
	LDA @E020h	
	AND #00FFh	
	STA $E023h	
	BRA cmp_semicolon	
BB:	LDA #0000h	Kaynak program alanından alınan veri ";" olması durumunda yapılan güncelleştirmeler(kaynak program adres değeri ve sütun göstergeci). Ayrıca ";" karakterinden sonra kaynak program alanında "Enter--0×D" karakteri bulunana kadar güncelleştirmelere devam eder.
	STA $E021h	
	LDA @E020h	
	AND #FF00h	
	STA $E023h	
	LDA $E020h	
	INCR	
	STA $020h	
	BRA cmp_semicolon	
cmp_semicolon:	LDA $E023h	";" karakterinden sonra kaynak program alanında "Enter" bulunursa bir sonraki komutun çözümü için programın başına dallan.
	CMP #0D00h	
	BZR prg_start	

Etiket	Komut	Açıklama
	LDA $E023h	";" karakterinden sonra kaynak program alanında "Enter" bulunursa bir sonraki komutun çözümü için programın başına dallan.
	CMP #000Dh	
	BZR prg_start	
	BRA semicolon	
m_code1:	LDA $E022h	Opcode tabloda ilgili komuta ait makine kodunun ilk parçası alınıyor ve bir sonraki komutun alımı için hazırlık yapmak üzere "var_init" isimli alt programa dallanılıyor.
	BPO T	
	LDA @E025h	
	STA $E02Ah	
	BRA var_init	
T:	LDA @E025h	Opcode tablo göstergecinin tek olması durumunda alınan makine kodunun sola kaydırılma işlemleri yapıldıktan sonra kaydırılan makine kodunun amaç program alanına yazımı için hazırlıklar yapılıyor.
	AND #00FFh	
	STA $E024h	
V:	LDA $E024h	
	SAL	
	STA $E024h	
	LDA $E026h	
	INCR	
	STA $E026h	
	CMP #0008h	
	BZR prep_m_code1	
	BRA V	
prep_m_code1:	LDA #0000h	Opcode tablo göstergeci tek olması durumunda makine kodunun ilk parçasının alımı için yapılan hazırlıklardan sonra verinin ana bellekte amaç program alanına aktarımı–1
	STA $E026h	
	LDA $E024h	
	STA $E02Ah	
	LDA $E025h	
	INCR	
	STA $E025h	
	LDA @E025h	
	AND #FF00h	
	STA $E024h	

<table>
<tr><th>Etiket</th><th>Komut</th><th>Açıklama</th></tr>
<tr><td>Y:</td><td>LDA $E024h</td><td rowspan="13">Opcode tablo göstergeci tek olması durumunda makine kodunun ilk parçasının alımı için yapılan hazırlıklardan sonra verinin ana bellekte amaç program alanına aktarımı–2</td></tr>
<tr><td></td><td>SAR</td></tr>
<tr><td></td><td>STA $E024h</td></tr>
<tr><td></td><td>LDA $E026h</td></tr>
<tr><td></td><td>INCR</td></tr>
<tr><td></td><td>STA $E026h</td></tr>
<tr><td></td><td>CMP #0008h</td></tr>
<tr><td></td><td>BZR Z</td></tr>
<tr><td></td><td>BRA Y</td></tr>
<tr><td>Z:</td><td>LDA $E024h</td></tr>
<tr><td></td><td>OR $E02Ah</td></tr>
<tr><td></td><td>STA $E02Ah</td></tr>
<tr><td></td><td>BRA var_init</td></tr>
<tr><td>var_init:</td><td>LDA #2A00h</td><td rowspan="15">Komuta ait makine kodunun ilk parçası alındıktan sonra bir sonraki komutun makine kodunun sağlıklı bir şekilde alınabilmesi için opcode adres alanının başlangıç adresi, program içinde çeşitli kontoller için kullanılan değişkenlerin güncellenmesi yapılmaktadır. Eğer kaynak programdan alınan son ASCII kod ";" ise bu komutun makine kodunu alındığı anlamına gelir ve bu yüzden ";" karakteri sonrası yapılması gereken alt işlemlere dallanılır.</td></tr>
<tr><td></td><td>STA $E025h</td></tr>
<tr><td></td><td>LDA #0000h</td></tr>
<tr><td></td><td>STA $E022h</td></tr>
<tr><td></td><td>STA $E028h</td></tr>
<tr><td></td><td>STA $E026h</td></tr>
<tr><td></td><td>STA $E027h</td></tr>
<tr><td></td><td>LDA $E02Ah</td></tr>
<tr><td></td><td>STA @E029h</td></tr>
<tr><td></td><td>LDA $E029h</td></tr>
<tr><td></td><td>INCR</td></tr>
<tr><td></td><td>STA $E029h</td></tr>
<tr><td></td><td>LDA $E023h</td></tr>
<tr><td></td><td>CMP #003Bh</td></tr>
<tr><td></td><td>BZR semicolon</td></tr>
</table>

Etiket	Komut	Açıklama
	LDA $E023h	
	CMP #3B00h	
	BZR semicolon	
	LDA $E023h	Gerekli güncellemeler yapıldıktan sonra eğer kaynak programdan alınan son ASCII kod "." ise bu komutun makine kodunun alındığı ve programın bittiği anlamına gelir ve bu yüzden "." karakteri sonrası yapılması gereken alt işlemlere dallanılır.
	CMP #002Eh	
	BZR point	
	LDA $E023h	
	CMP #2E00h	
	BZR point	
	LDA $E021h	Komuta ait makine kodunun ilk parçası alındıktan sonra kaynak program alanına ait sütun göstergeci ve adres değerleri güncellenir ve komutun ikinci makine kodu parçası alma işlemlerine dallanılır.
	BPO CC	
	LDA #0001h	
	STA $E021h	
	BRA m_code2	
CC:	LDA #0000h	
	STA $E021h	
	LDA $E020h	
	INCR	
	STA $E020h	
	BRA m_code2	
	LDA $E021h;	Kaynak program sütun göstergecinin durumuna bağlı olarak(bu kısımda çift) komutun makine kodunun ilk parçasından sonraki kısmın alınarak, alınan verinin hex karşılığının bulunacağı alt programa dallanılır.
	BPO CE	
	LDA #0001h	
	STA $E021h	
	LDA @E020h	
	AND #FF00h	
	STA $E023h	
	BRA detection_hex	

Etiket	Komut	Açıklama
CE:	LDA #0000h	Kaynak program sütun göstergecinin durumuna bağlı olarak(bu kısımda tek) komutun makine kodunun ilk parçasından sonraki kısmın alınarak, alınan verinin hex karşılığının bulunacağı alt programa dallanılır.
	STA $E021h	
	LDA @E020h	
	AND #00FFh	
	STA $E023h	
	LDA $E020h	
	INCR	
	STA $E020h	
	BRA detection_hex	
detection_hex:	LDA $E023h	Alınan ASCII kod "0" karakterine ait ise bu karakterin hex karşılığının alınarak komuta ait makine kodunun 2. Kısmına aktarılması ve alınan makine kodunun kaçıncı aşamasında olduğu alt programa dallanılır.
	CMP #0030h	
	BZR cmp_hex0	
	LDA $E023h	
	CMP #3000h	
	BZR cmp_hex0	
cmp_hex0:	LDA #0000h	
	STA $E02Dh	
	BRA order_hex	
	LDA $E023h	Alınan ASCII kod "1" karakterine ait ise bu karakterin hex karşılığının alınarak komuta ait makine kodunun 2. Kısmına aktarılması ve alınan makine kodunun kaçıncı aşamasında olduğu alt programa dallanılır.
	CMP #0031h	
	BZR cmp_hex1	
	LDA $E023h	
	CMP #3100h	
	BZR cmp_hex1	
cmp_hex1:	LDA #1111h	
	STA $E02Dh	
	BRA order_hex	
	LDA $E023h	
	CMP #0032h	
	BZR cmp_hex2	

Etiket	Komut	Açıklama
	LDA $E023h	Alınan ASCII kod "2" karakterine ait ise bu karakterin hex karşılığının alınarak komuta ait makine kodunun 2. Kısmına aktarılması ve alınan makine kodunun kaçıncı aşamasında olduğu alt programa dallanılır.
	CMP #3200h	
	BZR cmp_hex2	
cmp_hex2:	LDA #2222h	
	STA $E02Dh	
	BRA order_hex	
	LDA $E023h	Alınan ASCII kod "3" karakterine ait ise bu karakterin hex karşılığının alınarak komuta ait makine kodunun 2. Kısmına aktarılması ve alınan makine kodunun kaçıncı aşamasında olduğu alt programa dallanılır.
	CMP #0033h	
	BZR cmp_hex3	
	LDA $E023h	
	CMP #3300h	
	BZR cmp_hex3	
cmp_hex3:	LDA #3333h	
	STA $E02Dh	
	BRA order_hex	
	LDA $E023h	Alınan ASCII kod "4" karakterine ait ise bu karakterin hex karşılığının alınarak komuta ait makine kodunun 2. Kısmına aktarılması ve alınan makine kodunun kaçıncı aşamasında olduğu alt programa dallanılır.
	CMP #0034h	
	BZR cmp_hex4	
	LDA $E023h	
	CMP #3400h	
	BZR cmp_hex4	
cmp_hex4:	LDA #4444h	
	STA $E02Dh	
	BRA order_hex	
	LDA $E023h	Alınan ASCII kod "5" karakterine ait ise bu karakterin hex karşılığının alınarak komuta ait makine kodunun 2. Kısmına aktarılması ve alınan makine kodunun kaçıncı aşamasında olduğu alt programa dallanılır.
	CMP #0035h	
	BZR cmp_hex5	
	LDA $E023h	
	CMP #3500h	
	BZR cmp_hex5	

Etiket	Komut	Açıklama
cmp_hex5:	LDA #5555h	
	STA $E02Dh	
	BRA order_hex	
	LDA $E023h	Alınan ASCII kod "6" karakterine ait ise bu karakterin hex karşılığının alınarak komuta ait makine kodunun 2. Kısmına aktarılması ve alınan makine kodunun kaçıncı aşamasında olduğu alt programa dallanılır.
	CMP #0036h	
	BZR cmp_hex6	
	LDA $E023h	
	CMP #3600h	
	BZR cmp_hex6	
cmp_hex6:	LDA #6666h	
	STA $E02Dh	
	BRA order_hex	
	LDA $E023h	Alınan ASCII kod "7" karakterine ait ise bu karakterin hex karşılığının alınarak komuta ait makine kodunun 2. Kısmına aktarılması ve alınan makine kodunun kaçıncı aşamasında olduğu alt programa dallanılır.
	CMP #0037h	
	BZR cmp_hex7	
	LDA $E023h	
	CMP #3700h	
	BZR cmp_hex7	
cmp_hex7:	LDA #7777h	
	STA $E02Dh	
	BRA order_hex	
	LDA $E023h	Alınan ASCII kod "8" karakterine ait ise bu karakterin hex karşılığının alınarak komuta ait makine kodunun 2. Kısmına aktarılması ve alınan makine kodunun kaçıncı aşamasında olduğu alt programa dallanılır.
	CMP #0038h	
	BZR cmp_hex8	
	LDA $E023h	
	CMP #3800h	
	BZR cmp_hex8	
cmp_hex8:	LDA #8888h	
	STA $E02Dh	
	BRA order_hex	

Etiket	Komut	Açıklama
	LDA $E023h	Alınan ASCII kod "9" karakterine ait ise bu karakterin hex karşılığının alınarak komuta ait makine kodunun 2. Kısmına aktarılması ve alınan makine kodunun kaçıncı aşamasında olduğu alt programa dallanılır.
	CMP #0039h	
	BZR cmp_hex9	
	LDA $E023h	
	CMP #3900h	
	BZR cmp_hex9	
cmp_hex9:	LDA #9999h	
	STA $E02Dh	
	BRA order_hex	
	LDA $E023h	Alınan ASCII kod "A" karakterine ait ise bu karakterin hex karşılığının alınarak komuta ait makine kodunun 2. Kısmına aktarılması ve alınan makine kodunun kaçıncı aşamasında olduğu alt programa dallanılır.
	CMP #0061h	
	BZR cmp_hexA	
	LDA $E023h	
	CMP #6100h	
	BZR cmp_hexA	
cmp_hexA:	HEX A: LDA #AAAAh	
	STA $E02Dh	
	BRA order_hex	
	LDA $E023h	Alınan ASCII kod "B" karakterine ait ise bu karakterin hex karşılığının alınarak komuta ait makine kodunun 2. Kısmına aktarılması ve alınan makine kodunun kaçıncı aşamasında olduğu alt programa dallanılır.
	CMP #0062h	
	BZR cmp_hexB	
	LDA $E023h	
	CMP #6200h	
	BZR cmp_hexB	
cmp_hexB:	LDA #BBBBh	
	STA $E02Dh	
	BRA order_hex	
	LDA $E023h	
	CMP #0063h	
	BZR cmp_hexC:	

Etiket	Komut	Açıklama
	LDA $E023h	Alınan ASCII kod "C" karakterine ait ise bu karakterin hex karşılığının alınarak komuta ait makine kodunun 2. Kısmına aktarılması ve alınan makine kodunun kaçıncı aşamasında olduğu alt programa dallanılır.
	CMP #6300h	
	BZR cmp_hexC:	
cmp_hexC:	LDA #CCCCh	
	STA $E02Dh	
	BRA order_hex	
	LDA $E023h	Alınan ASCII kod "D" karakterine ait ise bu karakterin hex karşılığının alınarak komuta ait makine kodunun 2. Kısmına aktarılması ve alınan makine kodunun kaçıncı aşamasında olduğu alt programa dallanılır.
	CMP #0064h	
	BZR cmp_hexD	
	LDA $E023h	
	CMP #6400h	
	BZR cmp_hexD	
cmp_hexD:	LDA #DDDDh	
	STA $E02Dh	
	BRA order_hex	
	LDA $E023h	Alınan ASCII kod "E" karakterine ait ise bu karakterin hex karşılığının alınarak komuta ait makine kodunun 2. Kısmına aktarılması ve alınan makine kodunun kaçıncı aşamasında olduğu alt programa dallanılır.
	CMP #0065h	
	BZR cmp_hexE	
	LDA $E023h	
	CMP #6500h	
	BZR cmp_hexE	
cmp_hexE:	LDA #EEEEh	
	STA $E02Dh	
	BRA order_hex	
	LDA $E023h	Alınan ASCII kod "F" karakterine ait ise bu karakterin hex karşılığının alınarak komuta ait makine kodunun 2. Kısmına aktarılması ve alınan makine kodunun kaçıncı aşamasında olduğu alt programa dallanılır.
	CMP #0066h	
	BZR cmp_hexF	
	LDA $E023h	
	CMP #6600h	
	BZR cmp_hexF	

Etiket	Komut	Açıklama
cmp_hexF:	LDA #FFFFh	
	STA $E02Dh	
	BRA order_hex	
order_hex:	LDA $E02EH	Komuta ait makine kodunun ikinci kısmını alınmasında kaçıncı evrede olduğu kontrol ediliyor.(Makine kodunun ikinci kısmını alma işlemi 4 aşamadan oluşmaktadır)
	CMP #0000H	
	BZR ORDER_ZERO	
	LDA $E02EH	
	CMP #0001H	
	BZR ORDER_ONE	
	LDA $E02EH	
	CMP #0002H	
	BZR ORDER_TWO	
	LDA $E02EH	
	CMP #0003H	
	BZR ORDER_THREE	
order_zero:	LDA $E02Dh	Makine kodunun ikinci kısmının ilk aşamasında olduğu, alınan makine kodu parçasının 0xF000 maskesinden geçirilerek kaydedilmesi ve makine kodunu alınması işlemine devam edilmesi
	AND #F000h	
	STA $E02Bh	
	LDA #0001h	
	STA $E02Eh	
	BRA m_code2	
order_one:	LDA $E02Dh	Makine kodunun ikinci kısmının ikinci aşamasında olduğu, alınan makine kodu parçasının 0x0F00 maskesinden geçirilerek kaydedilmesi ve makine kodunu alınması işlemine devam edilmesi
	AND #0F00h	
	OR $E02Bh	
	STA $E02Bh	
	LDA #0002h	
	STA $E02Eh	
	BRA m_code2	

Etiket	Komut	Açıklama
order_three:	LDA $E02Dh	Makine kodunun ikinci kısmının üçüncü aşamasında olduğu, alınan makine kodu parçasının 0×00F0 maskesinden geçirilerek kaydedilmesi ve makine kodunu alınması işlemine devam edilmesi
	AND #00F0h	
	OR $E02Bh	
	STA $E02Bh	
	LDA #0003h	
	STA $E02Eh	
	BRA m_code2	
order_three:	LDA $E02Dh	Makine kodunun ikinci kısmının son aşamasında olduğu, alınan makine kodu parçasının 0×000F maskesinden geçirilerek kaydedilmesi ve komutun makine kodu ilgili yere kaydedildiğinden bir sonraki komutun sağlıklı bir şekilde alınabilmesi için gerekli güncellemelerin yapılacağı "semicolon" adlı programa dallanılması
	AND #000Fh	
	OR $E02Bh	
	STA $E02Bh	
	LDA #0000h	
	STA $E02Eh	
	LDA $E02Bh	
	STA @E029h	
	LDA $E029h	
	INCR	
	STA $E029h	
	BRA semicolon	
point:	lda #0100h	"." Operatöründen sonra PC'a amaç programın başlangıç adresi olan 0×0100 adresinin yüklenmesi
	LDAP	

ÖZGEÇMİŞ

Halit ÖZTEKİN, 16.03.1979'da Kocaeli'nin Gölcük ilçesine bağlı Halıdere beldesinde doğdu. İlkokulu Halıdere beldesinde tamamladıktan sonra, orta ve lise eğitimini Gölcük'te tamamladı. 1995 yılında Barboros Hayrettin Lisesinden mezun oldu. 1997 yılında başladığı SAÜ Bilgisayar Mühendisliği bölümünü 2002 yılında bölüm birincisi olarak bitirdi. 2002-2005 yılları arasında İzmit Halk Eğitim Merkezi, Bimser gibi kuruluşlarda eğitmen olarak görev yaptı. 2007 yılında bir süre Kocaeli Büyükşehir Belediyesinin Strateji ve Geliştirme daire başkanlığında donanım şefi olarak görev yaptı. 2007 Eylül döneminde SAÜ Bilgisayar ve Bilişim Mühendisliği bölümünde yüksek lisansa başladı. 2008 yılının başından itibaren çok arzuladığı akademisyenlik hayatının başlangıcı olan Araştırma Görevlisi olarak Sakarya Üniversitesi Bilgisayar Mühendisliği bölümünde göreve başladı. 2009 yılında Bozok Üniversitesi Mühendislik-Mimarlık Fakültesi Elektrik-Elektronik Mühendisliği bölümünde öğretim görevlisi olarak göreve başladı ve halen bu görevde akademisyenlik hayatını sürdürmektedir.

Printed by Books on Demand GmbH, Norderstedt / Germany